文史哲學集成

陳飛龍 著

# 王思任文論及其年譜

文史哲出版社 印行

文史哲學集成 230

# 王思任之文論及其年譜

著者：陳飛龍

出版者：文史哲出版社

登記證字號：行政院新聞局局版臺業字〇七五五號

發行所：文史哲出版社

台北市羅斯福路一段七十二巷四號

郵撥〇五一二八八一二彭正雄帳戶

電話：三五一一〇二八

印刷者：文史哲出版社

實價新台幣二六〇元

中華民國七十九年十月初版



ISBN 957-547-016-8

# 王思任之文論及其年譜　目次

## I 王思任之文論

# I、王思任之文論

## 摘要

這篇論文，主要是探討晚明的文學流派中，王思任到底是不是「諧謔文學」的主倡者？

因為晚近談論明代文學的學者，多半模稜兩可地提到：王思任是「諧謔文人」，他的作品是「諧謔小品」。並且將他畫分在公安派的清新俊秀、與竟陵派的孤峭幽深之外，自成一格。可是，「諧謔」到底是不是晚明小品的一種文體？或者，是否已孕育成為一種正式的文學理論？卻一直很少人提及。

既然很多人將王思任歸入「諧謔」一派之中，認為他是這種獨特文體的創始者，所以本文就完全採用王思任自己的文章，分析整理並作系統的組織，以描繪出他自己很明確的文學理論。

在整理描繪他的文學理論之前，我先不為「諧謔」一詞下任何定義，而在他的文學理論逐漸清晰凸顯之後，我們卻可以很清楚地看出來：王思任的文筆非常熟練，思路非常縝密，觀念非常靈活，卻始終謹守著正統的文學理論，自少年至老年，所作百餘篇文章中，幾乎罕見諧謔狂浪的字句或主張。這是根據他的十餘種文集中，所描繪出的結果，可以說是不爭的事實。

那麼，後人為什麼稱他為「諧謔文人」？他為何又自命「謔菴」呢？以王思任的生平行誼來作推敲，所謂「諧謔」，應該是指他的言語行為，並非文學主張。王思任在中年寫了「悔謔」四十餘則，裡頭就有許多談到他因詼諧謔浪而傷人害己的事，他所以自稱「謔菴」，所以要「悔謔」，完全是想藉此自我警惕，勿再覆轍重蹈。言行上他諧謔，但是在文學的發展上，他卻一直是很正經、很清楚地走在正統的道路上頭。

至於晚明文學中，到底有沒有所謂的「諧謔派」，那或許要在公安末流一類人的放誕輕狂中去尋找了，至少在王思任身上，是找不到的！

本篇論文，採以經解經的方式，完全使用王思任的文章，來說明王思任的文學理論，並條列前人及時人對他的評述，用來襯托事實的真象。

首先，列述王思任的文友，如張岱、湯顯祖等人，與後世學者如魯迅等，對他的描繪與評價，以彰顯出他大致的外表。其次再從他的十餘種著作中，蒐輯談論文學理論、創作技巧的章節段落，逐一分類後，再重新加以整理、組織，以期具體而有系統地呈顯出他的文學主張。

因為這些歸納而出的文學理論，完全來自他的文章，當然可以確信是他自己出諸內心的文學主張。這就是本文結論的最直接證據。

本來有意將他的文章，大略依照年代先後，稍加分期，以便看出他的見解是否有早晚相異的趨勢。但是，一方面因為從所蒐輯的文論中，並不能看出很明顯的變異，二方面由於作品年代的釐定，實非易事，所以只有暫時擱置，等到以後再詳細去作研究。

還有一點，王思任的文論中，除了包含對性靈清新、本色質樸一類文章的評價、理論之外，也有對八股文作法的一些主張。本論文將這兩種文體融為一種，不作畫分。這樣是否會造成他文論上的些許缺失？根據本論文的分析整理後，可以看出：這些不致產生任何疑問的！因為在當時的文學環境下，幾乎沒有人能夠脫離八股文的陰影。而王思任也已自行將這兩種文體先作分野，再用自己的一套概念，將它們融為一體，他所提出的理由也頗為充分。所以我們可以將這個問題暫時撇開。

至於王思任的文論主張，經分析整理的結果，大致可以分為下列幾點：第一、論作文的方法。第二、論文才的由來。第三、論文章的內容。第四、論環境與文風。第五、論王思任對晚明文風的評議。

首先說到作文的方法。包括作八股文的訣竅，以及品評文章優劣的原則。他偏重天才論，在自擬的十五種文章等級中，最推崇「天賦超卓」與「自然雄渾」的作品，都具備渾然天成的風貌，屬於前六等（級）。

其次討論文章才華的來源。他認為有天生文才與後天苦學兩種。「文才天生」的說法，自古已有，王思任則創造了一個很新穎的名詞叫「詩胎」，用來界定這個說法。這也是他與公安、竟陵文論最顯著的區別。他認為萬物如果得到鍾靈毓秀之氣，就能生長成為物類中的精秀。推而言之，文章也有精秀的成品，叫做「詩」，這種精秀的文章，也像靈魂一樣，會託生在人的身上，得到它託生的人，就是文章天才。所以文章的優劣，都是隨著天生才氣而來。他並且舉出李白這位詩仙作為例證，肯定天賦文才之說。有這種天才的文人，讀任何佳詞妙文，都有恍然置身前世、往昔猶歷歷在目的感覺。即使是寫文章，也能衝口便出，無不佳妙。

但是，「詩胎」究竟是少數，絕大多數的中才之人，還是要好好努力、苦心學習，才能發揮潛力、上騰九霄，這就是後天苦學孤詣的成果。但是苦學也要有方法，並非糊塗妄為就能收效。王思任舉出了歷史上幾個具體的方法，說明了訣竅。

第三點，談論王思任對文章內容的要求。王思任把欣賞自然風光的情趣，移轉到文學內容上。他認為：由觀賞自然之景，進而發抒自然之情，更進一步化為精誠之意，再由此而得自然情趣，這才是真摯的情，也是文章中的真實生命！所以他主張「重自然」「道真情」，這些與公安派的性靈說法相類似，可是他卻提出了公安派所未嘗提及的「一睫之神」的理論。他認為寫文章要言他人所未言，悟他人所未悟，「有千百人言之不是，而經我隻字挑撥點染」，文章生命遂躍然活現，這種神韻，只有在很微妙的地方才看得出，他特別稱之為「一睫之神」，意思就是指這種差別，只有眨一眨眼那麼些微的差距，卻有了高下立判的結果。這個道理其實很明淺，可是其他文學派卻罕有提及，應該也是王思任在文論上，比其他文人有「一睫之神」的地方吧！

第四點，論及環境對文章風格的影響。這也是晚明文人言之未精，而為王思任特別深入探討的地方。王思任認為：時代風尚與地域風土對文章風格影響都很深遠，所以每個朝代都有它各自的文學特色，每個地區也自然有他們獨特的文學風貌。時代與地域都具備優勢，所寫出的文章必定有天生的氣魄。但是，如果兩者都不好呢？那就須靠壯遊天下來培養恢宏的氣度了，藉由這種方式，足以用來蘊育出作者豪俠英爽的佳作。王思任在三十五歲時，暢遊天台、雁宕等名山勝水，也正是為了這個目的。暢遊的結果也的確讓他因而揚名文壇，可以說是以身作則的實例。

最後談到他對當代文風的評價。王思任既然以他非常清晰鮮明的理念，配合上豐贍深邃的經驗，發展成縝密周延的文論，所以對當代的文學理論，也有明確的評議。其中最可稱道的就是反對歷下七子的摹擬作風，反對公安末流的空疏白描。

他反對摹擬，是因為很清楚地知道文學是進化的，不應該倒退回去。王思任深深地了解文章的精髓完全存在「神韻」之中，這股「神韻」，散入各個朝代，就形成了各個朝代卓越踔厲的文體，文體雖然不同，在本質上卻完全相同，本來就不必勉強因襲前人。因此，他舉出許多實例，說明歷史上的演變證據，很清楚地支持他的這個理論。

至於他反對公安末流的空疏，也是頗有遠見。他在袁宏道文壇聲勢如日中天的時候，就已經擔心：「空靈之姦」將因「底滯蹇昧」的文人，而衍生弊端，流入號嘯怪叫，惹人側目的陋風之中。而這種「假玄假淡，以為自然之白描」（用假玄假淡，認作是自然質（直）樸的白描方式），雖然有心淺易，卻適得其反，不但上天未嘗賦予他創作妙文的才能，讀者也無法認同！足見他主張「真率」、「神韻」，主張「義法」，卻絕不流於「俗淺叫嘯」，所以在風格上自然和公安派大有不同。

# 一、前言

晚明小品，從周作人在「人間世」小品半月刊雜誌發掘以來，論者日衆，而公安性靈、竟陵孤峭二脈，爲晚明文學之主流，論者亦視爲不可或缺之主題。

其時於性靈、孤峭之外，又有一「諧謔」文人，在當時乍起而倏落。論之者雖不絕如縷，卻多取二三陳編，祖述他人泛泛之論，未能就其文集，專力探析文風眞貌，而給予確切之評估。稍有致力者，亦或以爲「諧謔」非屬正統，有意略而不談；或謂其人之文采學理，可置諸性靈一脈而不予討論。

其人天賦異稟，年方二十，即高舉進士榜第二十三名，爲是榜第最年少者。平生精研文理，獨具慧心，倡言反七子摹擬之無味，反公安性靈之空疏。其文論發諸筆墨，縝密周詳，通達深遠。汪洋宏肆之文論中，脈絡清晰，幾無齟齬相病之處。此類文論，在晚明實不多見，比之童心、性靈之論者，雅正淺易有餘！且此人雖力詆無知譁衆之摩擬文體，卻不排斥不得不然之本色擬作，是其心通達，非比迂儒，洵不可以常士視之也！

嗚呼！其人放浪不羈，閒適寡欲，惟順己志而已，故隱則眞隱，人亦罕知其名聲。

此人謂誰？山陰忠烈王思任號謔菴者是也！

余嘗撰王思任年譜一篇，以詳其生平，嗣又閱其文集，窺索其文論，乃知思任非以「諧謔」爲重，實爲深於翰墨文理之人。洎其束髮以來，即已頗論文意，至三十五歲，乃以「游唤」十餘篇，聞名於當時，稱之者甚衆。惟以其聰睿之天賦，迅捷之反應，放浪之本性，適足以墮之於謔人、傷人，旣而爲人所忌陷、排擠，終躋絶境，斯亦其名不顯之故歟？

思任之文論，偶見諸各家文學史及晚明文學相關雜著中，迄今未見專篇論著。今爲鉤沉發潛，出其文論眞貌，故就其文集，逐篇逐句，探討文意，並一一分析，再作歸類，試採「以經解經」之方式，以思任之言，撰思任之文論，欲由此顯現其眞正文論也。

本論文所根據之王思任文集，係以國立中央圖書館所藏明刊本「王季重集十四卷」「王季重雜著八卷」二書、暨美國哈佛大學漢和圖書館珍藏明萬曆清暉閣刊本「王季重集十六卷」爲主，重以乾坤正氣集所收錄「王季重先生文集」部分，以及浙江古籍出版社鉛排本「王季重十種」爲輔，並參校國立中央研究院歷史語言研究所傅斯年紀念圖書館複製美國國會圖書館所藏明刊王季重集十五卷本及八卷本微卷，以正文句訛舛。

因思任談論文理之篇章頗爲繁富，故本文之作，於文論部分，悉以思任之原文爲主，而略諸與晚明其他文派之比較，亦不得已耳。

又，搦管之初，本欲以年代先後，逐一標明思任各篇著作日期，藉以推察其文論之遞演過程，並由此以較思任與三袁、鍾、譚文論發生之先後。惟以牽涉甚廣，非日月可幾，請俟諸異日，再作補闕。

## 二、王思任之生平及其文學評價

### 壹、生平

王思任（西元一五七六——一六四六年），字季重，號遂東，又號謔菴，浙江山陰人。明亡不降，絕食十日而卒，享年七十一（註二）。

思任祖七世爲醫，文風醇厚；幼得嚴父教誨，五歲已受經書，十歲恣爲文章，十三歲受業於翰林黃洪憲門下，雖日年少，已有文聲，輒爲前輩所稱賞。二十歲，舉進士第二十三名，始入仕途。惟以少年狂放，喜謔浪忤人，故得罪樹敵甚夥，輒受無端之攻訐。思任亦深知其害，故自號「謔菴」，欲自警惕，惟生性如此，調笑狎侮，未能稍改，是以仕宦不顯，爲令尹，三仕三黜。

思任性耽山水，仕途既不順遂，輒以吏事之餘，走眺幽景，怡情養目，故所作游記、小品，多靈心洞脱、涮滌塵秕。又工於繪事，仿米家數點，雲林一抹，饒有雅致。

三十五歲知青浦，乃以餘暇暢遊浙中天台、雁宕諸山勝景，一償二十年未了心願，並作游喚一卷，詳記遊賞之趣。其文迭宕奇險而詼諧，思任之文名亦因此卷而大顯。

中年數度受僭去官，嘗於山陰故里，選勝蠡濱，構水閣數楹，中有清流翔注其下，顏之曰「讀書佳山水樓」，日以詩酒陶然其中。有客前來，則請賦詩，積久成帙，題曰「讀書佳山水樓集」，斯乃其生平最賞悅之事也。

思任幼嘗學射，操之過急，以致拇痕血勒，臂腕失力，以此萌習武練兵之志，因於擊刺、習射、没水多所涉獵。年五十七，領江州節鎮，治兵九江，見地方盜賊橫行，乃募驍勇五百，教以擊射、没水之術，奸盜望風屏跡。時鄰邑黃梅，流賊逼擾，請救於江州，巡撫解學龍猶豫未決，諸幕僚亦多言「越界勦寇，非便」。思任慨然率萬人往救，竟以解厄。黃梅人感念其恩，建生祠以報賽之。

思宗崇禎九年（西元一六三六年），思任以年逾知命，辭歸故里，不問政事，以詩文自娛。此時國事日危，終至李闖陷北京，思宗自縊煤山，明之正統以絶。鳳陽總督馬士英乃擁立福王於南京，明年改元弘光，而國事益不可爲。先是清兵陷揚州，史可法殉國，南京大震；而福王西奔蕪湖，又爲清兵所執。馬士英遂挾福王母、妃南下越中。既至，越人洶洶，怒責士英誤國。思任亦上疏太后，數士英之罪，請斬之以謝國人；又致函士英，暴白其咎，更拒其入越，曰：「吾越乃報仇雪恥之國，非藏垢納汙之區也。」書傳，人心大快。

福王蒙塵，魯王監國於紹興，思任晉升禮部右侍郎，上疏極言治要，而事終不可爲。

未幾，清兵陷紹興，魯王南走，思任遂屏家依祖墓於鳳林，構草亭，名之日「孤竹菴」，以示不忘先朝；清廷雖數請其出，親黨亦多以利害相勸，終不爲所動。逮魯王敗亡海上，思任知國事絕望，遂作致命篇云：「再嫁無此臉，山呼無此嘴；急則三寸刀，緩則一泓水。」於是垂革拖紳、朝服，日「以上見先皇帝」，即日絕食，十日乃卒。

今思任傳世之作，約有：文飯小品、避園擬存詩集、爾爾集、讀書佳山水樓集、雜文敘、時文敘、雜記、墓誌銘、傳、歷游記、游喚、游廬山記、廬山詠、律陶、奕律等十餘種。中以遊記文章最佳，蓋思任喜以詼諧飄逸之稟，輒出絕妙新奇之思，故爲小品文章之佳構也。民國二十二、三年，周作人、林語堂諸學者倡爲小品文，即以「文飯小品」爲職志。其足爲小品文之典範，洵不誣也。

張岱越人三不朽圖贊論其行誼，日：

> 拾芥功名，生花綵筆；以文為飯，以奕為律；謔不避虐，錢不諱癖；傳世小題，功不可及；宦橐游囊，分之弟姪；孝友文章，當今第一。

是爲的評！

## 貳、歷來學者對王思任的文學評價

思任文筆練達，敍事説理如老吏之斷案，絶少贅語，文風則卓犖不群，飄灑少窒礙，於詼諧放曠之中，不失排偶清雅之神韻。後人論其文風、行誼者多矣，或詆其謔浪，或讚其神趣，要皆發自己意。今試舉數家所言，以見時人及後人之評價，並作爲下節思任文論之張本。

（一）明陳繼儒王季重游喚敘（作於思任三十五歲時）：

王季重筆悍而神清，膽怒而眼俊。其游天台、雁宕諸山，時懦時壯，時嗔時喜，時笑時啼，時驚時怖，時呵時駡，時挺險而鬼，時蹈虛而仙。其經游處，非特樵人不經、古人不歷，即混沌以來，山靈數千年未嘗遇此品題知己。大抵山川有眉目，借人而發；又無口，借人而言。若游者，非文人才子，正如醉夢人，……漫無可否，每輒言佳，此山水中鄉愿。王季重倔強猶昔不屑也。季重此記，原以喚舊游王謝諸人，豈喚此等輩哉？（註一）

稱思任爲文：「筆悍而神清，膽怒而眼俊」，可謂一語中的，遂爲後人定評。至於其文辭之變幻詭譎，笑啼、驚怖，嗔喜、壯懦，或鬼或仙，不一而足，即山中之神靈亦千百年來未嘗遇此知己，無怪思任標拔山水鄉愿之多也！

（二）明湯顯祖王季重小題文字序（作於思任三十六歲）：

時文字能于筆墨之外、言所欲言者，三人而已：歸太僕之長句，諸君燮之緒言，胡天一之奇想。各有其病，天下莫敢望焉。以今觀王季重文字，殆其四之。而季重以能為古文詞詩歌，故多風人之致，光色猶若可異焉。大致天之生才，雖不能眾，亦不獨絕。……若季重者，五歲遍受五經，十歲悉為文章，二十而成進士，蓋一代之才也，而天亦若有以異之者。大越之墟，古今冠帶之國也，固已受靈氣于斯；而世籍都下，往來燕越間。起禹穴、吳山、江、海、淮、沂，東上岱宗，西迤太行，歸乎神都。所遊目，天下之股脊喉咽處也。英雄之所躔，美好之所鋪，咸在矣。於以豁心神、紓眺聽者，必將鬱結乎文章。而又少無專門，承學之間，靈心洞脫，孤遊皓杳。蚤為貴公鉅人所賞，聞所未聞。出見少年裘馬弓劍，旗亭陌道之間，顧而樂之；此亦文心之所貽佇也。身復蚤達，曾無諸生一日之憂。名字所至，賛嘆盈矚。故其為文字也，高廣其心神，亮瀏其音節。精華甚充，顏色甚悅。緲焉者如嶺雲之媚天霄，絢焉者如江霞之蕩林樾。乍翕乍辟，如崩如興。不可逼視，莫或殫形。大有傳疏之所曾遺，著錄之所未經者矣。（註二）

思任年十三，從岳漏衡先生館於嘉興黃洪憲家，得盡視先輩小題文。思任落筆靈異，洪憲先生喜而斧藻之，學業因之日進。洪憲先生喜拈作，和者如湯顯祖、趙南星、郝敬輩，多爲一時名士。其門生十九，思任年最少，因獷狎摠角、鹵莽生決，甚爲諸輩所歎賞。故湯顯祖亦時與思任論議文理。湯氏作此篇文字時，年已六十二，二人知交達二十三載，可謂深知思任者矣！其所贊譽者，若「靈心洞脫，孤遊皓杳」、「高廣其心神，亮瀏其音節」、「緲焉者如嶺雲之媚天霄，絢焉者如江霞之蕩林樾；乍翕乍辟，如崩如興；不可迫視，莫或殫形」，皆可自思任之遊記、序牘中文字尋得，是深知思任文心者也！

(三)明徐如翰清暉閣讀書佳山水詠(作於思任四十歲前後)：

> 季重才名籍聞一時，而獨其骯髒之性，不諧于仕路，故屢起屢蹶，竟以壯年拂承，而以其試之用而不盡者，暫寄之山水詩酒之間。……凡四方才人韻士至越者，靡不幾幸一廁門牆。而季重復虛心延納，嘉惠作養，世之望清暉而勤跂仰者，又不啻元禮龍門矣。(註四)

此言思任稟性鯁直，故仕途偃蹇，竟以壯年罷官閒居故里。惟其文名重於天下，故四方仰羨而至者絡繹不絕。由此得知，思任並非一孤傲自恃者，其於後生賢俊亦以熱忱忠懇相待。若從思任文集中言論觀之，其人乃頗具宗師風範之長者也。

（四）明陸雲龍王季重先生小品敘（作於思任晚年）：

其膽砲如，心髮如，筆舌轆轤如，奴風僕雅，何嘗盡廢老生常談，而類能破腐為新，妝點處，頓湔塵色，而其借靈山川者，又非山川閈其性靈。先生直以片字鏤其神，闢其奧，挾其幽，鑿其險，秀色瑰奇，踞其巔矣。（註五）

陸雲龍爲思任文友，雖非知交卻心儀其人，故選輯名家小品之善者自作評點，其稱思任之文，「何嘗盡廢老生常談，而類能破腐爲新」，又以險、幽、奧、神，評其文風，言之甚是。思任破腐爲新者，有一顯例堪稱佳絶，當其遊五台山絶巘，頗覺天寒，因曰：「寒甚，指泣欲墮。」（註六）讀之再三，令人莞爾！

（五）明張岱王謔菴先生傳（作於思任卒後不久）：

五十年內，強半林居，乃遂沉湎麯蘖，放浪山水，且以暇日閉戶讀書。自庚戌游天台、雁宕，另出手眼，乃作「游喚」，見者謂其筆悍而膽怒，眼怒而舌尖，恣意描摩，盡情刻畫，文譽鵲起。蓋先生聰明絶世，出言靈巧，與人諧謔，矢口放言，略無忌憚。……先生涖官行政，摘伏發奸，以及論文賦詩，無不以謔用事。……

：人方耽耽（眈眈）虎視，將下石先生，而先生對之調笑狎侮，謔浪如常，不肯少自貶損也。晚乃改號謔菴，刻「悔謔」以誌己過，而逢人仍肆口詼諧，虐毒益甚。……論曰：謔菴先生既貴，其弟兄子姪、宗族姻婭，待以舉火者數十餘家，取給宦橐，大費供應，人目以貪所由來也。故外方人言：王先生賺錢用，似不好，而其所用錢極好。故世之月旦先生者，無不稱以「孝友文章」，蓋此四字，惟先生當之。（註七）

張岱所作王傳，載思任事最詳，以張岱識之久故也。謂思任所以好諧謔，乃以「聰明絕世，出言靈巧」之故，亦是知言也。查思任文集，亦多有如斯之論，雖令莊士頗以爲苦，亦不稍改也。

（六）清錢謙益王僉事思任（錢氏晚思任十八年棄世）：

季重有雋才，居官通脫自放，不事名檢。性好謔浪，居恆與狎客縱酒，談笑大噱。遇達官大吏，疏放絕倒，不能自禁。好以詼諧為文，倣大明律製「奕律」，吾以為必傳，「枚皋、郭舍人之流也。……季重為詩，才情爛熳，無復持擇，入鬼入魔，惡道岔出，……皆胡鉸釘、張打油之所不為也。季重頗負時名，自建旗鼓，

鍾、譚之外，又一旁派也。（註八）

錢氏謂思任謔浪自放，狎客縱酒，實亦晚明文人之常事也；比之枚郭一流，則爲創見；謂其「入鬼入魔，惡道岔出」、「自建旗鼓，鍾、譚之外，又一旁派」，則褒貶參差，或是或否，下文再作詳述。

（七）清邵廷采明侍郎遂東王公傳：

自神宗朝，即以文章氣韻妙天下。歷五十年，更閱五朝，卒致命效節，不負所學。雅性不羈，好酒及客，善手談戈，法青烏握槧之術。教學者稽求典故，九經、二十一史、本朝會典律例、鹽關屯按，邊徼阨塞，人才高下，具宜條究精思。……又素剛負氣，中經三黜，不以少自貶損，終始孤立幽思，寄深得風人之致云。……公諳吏事，尤見兵勢俊逸之氣，往往發為諧辭隱辨，解紛微中，莊士每畏苦之。然徐沁賛採薇子像云：「公以詼諧放達，而自稱為謔，又慮憤世嫉邪，而尋悔其虐。孰知嬉笑怒罵，聊寄託于文章；慷慨從容，終根柢于正學。」斯言得公矣。

（註九）

邵氏採徐沁之贊，謂思任：「嬉笑怒罵，聊寄託于文章；慷慨從容，終根柢于正學。」細察年譜所載，此言誠不誣矣！又稱其「俊逸之氣，往往發爲諧辭隱辨，解紛微中」，是亦深切同情思任不得已而諧謔之苦心者。

（八）無聲詩史（引自明詩紀事）：

季重好為古文詞，湔滌塵秕，務臻險秀，東南髦俊，推為風雅宗盟。出其藻思，寫山水林屋，皴染滃鬱，超然筆墨之外。猶記其評天台云：「孤月洞庭，正爾寂然，忽有天山萬里（雪），一夜飛來。」又云：「恍忽幽玄，不記何代，片時坐對，人化為碧。」觀此數語，則季重之畫不遠矣。（註一〇）

言思任善畫者，自此始見。文中舉思任二短文，以凝想畫境，亦別具慧心也。

（九）清陳田明詩紀事王思任條：

季重詩，揚竟陵之餘波，如入幻國，詭變莫窮，如遊深山，魑魅出現，真亡國之音也，閱竟避園擬存，惟于忠肅墓「社稷留還我，頭顱擲與君」二語，差堪把玩

耳。盧遊詩，稍近人。（註一一）

錢謙益謂思任：「鍾、譚之外，又一旁派也。」陳田則以爲思任：「揚竟陵之餘波。」衡文之不易，由此可知矣。細味避園擬存，不乏清麗飄灑之小品，陳田惟從氣勢磅礴忠烈者取之，無怪乎其貶之也。

（十）民國周作人文飯小品（民國二十三年八月五日）：

王思任是明末的名人，有氣節、有文章，而他的文章，又據說是游記最好。……其好處在於表現之鮮新與設想之奇闢，但有時亦有古怪難解之弊。他與徐渭、倪元璐、譚元春、劉侗，均不是一派，雖然也總是同一路，卻很不相同，他所獨有的特點大約可以說是謔罷。以詼諧手法寫文章，到謔菴的境界，的確是大成就，值得我輩的贊歎，不過這是降龍伏虎的手段，我們也萬萬弄不來，古人云，學我者病，來者方多，謔菴的文集上也該當題上這兩句話去。（註一二）

（十一）民國周作人關於王謔菴（民國二十五年二月十日）：

偶閱越縵堂日記：在第十一冊同治八年己巳七月二十二日條下又有關於謔菴的一節云：「……順治初，山陰王思任寄書龍門解允樾，其詞悖慢，追咎神宗，追咎熹宗，不已也，終之曰：繼之以崇禎剋剝自雄。嗚呼！生勤宵旰，死殉社稷，此普天哀痛之時也，思任亦人臣，何其忍於刻責而肆為無禮之言以至此哉？……」謔菴以臣而非君，在古禮法上或不可恕，這是別一問題，我只覺得論明之亡而追咎萬曆天啟以至崇禎，實是極正當的。……明末之腐敗極矣，真正非亡不可了，不幸亡於滿清，明雖該罵而罵明有似乎親清，明之遺民皆不願為，此我對於他們所最覺得可憐者也。謔菴獨抗詞刻責，正是難得，蓋設身處地的想，我雖覺得他的非難極正當，卻也未必能實行，非懼倪無功王山史，正無此魄力耳。張宗子杜補堂均謂謔菴素以謔浪忤人，今乃知其復以刻責忤俗，此則謔菴之另一可佩服之點也。（註一三）

## （十二）民國周作人關於謔菴悔謔（民國二十五年十二月九日）：

在撒野時我猶未免有紳士氣也，雖然在講道學時就很有些流氓氣出來。但是謔菴的謔總夠得上算是徹底了，在這一點上是值得佩服的。他生在明季，那麼胡鬧，卻沒有給奄黨所打死，也未被東林所罵死，真是僥天之倖。他的一生好像是以謔為業。……謔菴一生以謔為業，固矣，但這件事可以從兩邊來看，一方面是由於天性，一方面也有社會的背景。……所以有些他的戲謔乃是怒罵的變相，即所謂「我欲怒之而笑啞兮」也。但是有時候也不能再笑啞了，乃轉為齒齘，而謔也簡直是罵了。……哀哉王君，至此謔雖虐亦已無用，只能破口大罵，惟此輩即力批其頰亦不覺痛，則罵又豈有用哉？由此觀之，大家可以戲謔時，還是天下太平，很值得慶賀也。……此時雖謔菴亦不謔矣！……此時已是明朝的末日，也即是謔菴的末日近來了。（註一四）

以上三則，皆周氏於民國二十三、五年前後，提倡小品文時所撰。周氏再三申述思任之謔與忠，且將其忠烈悲憤之氣，附諸諧謔一途，其分析頗爲透澈；而思任由調笑狎侮，進而戲謔笑啞（怒罵之極，反作此態者），再則轉爲齒齘，更甚則「謔雖虐亦已無用，只能破口大罵」，四層心態，描繪眞切，終則了悟：思任之謔，必在國家猶存、天下太平之時用之；若夫國之將亡，「雖謔菴亦不謔矣」，否則「此時已是明朝的末日，也即是謔菴的末日近來了」！

## (十三)民國曹淑娟晚明人小品觀念論析(民國七十七年七月):

王思任為(陳繼儒)之(晚香堂小品)序曰:「每見眉老著作,覺筆畫之外,必有雲氣飛行,又如白瓊淡月,非塵土胃腸可以領略。……其為文字,曰快、曰透、曰歡喜,大都詔人不貪不痴不瞋而已矣,玉倩湯半李拾其玄屑,集為小品,以先饑渴。至其崇論閎議,則整鬚褒服,皆師法相公學士天下古今人等者,吾不能敘之也。」察其文意,「拾其玄屑,集為小品」,小品乃指檢選眉公小部份作品而成之結集,而非指陳個別作品。眉公文字有「快、透、歡喜」與「崇論閎議」二類區別,晚香堂小品兼選了二者,此即前引湯氏「凡例」之意。前一類文字,所謂「曰快、曰透、曰歡喜」,所謂「筆畫之外,必有雲氣飛行」,所謂「非塵土胃腸可以領略」,即相當於性靈小品的文字,王思任對之極加讚歎;而後一類文字,為傳統著述,面貌嚴整,為王思任所不喜,故在序文中表明自己不為此類文字作評。(註一五)

其言謂:思任極喜「日快、日透、日歡喜」之性靈小品。然則何謂「快、透、歡喜」?則未能加以析論。若由下節王思任之文論觀之,即可見其端倪:「快」即思任之所謂「先」也,「透」即思任之所謂「眞」也,「歡喜」即思任之所謂「諧謔」根源也。

由上述十三則引文，得知論者多含混籠統，將「諧謔」「悍怒」「入魔入道」或「性靈」等慣見詞語，加諸思任文論之中，殊不知思任雖重視天賦性靈，亦不忽略苦學孤詣，雖不標舉格律，其行文亦深符韻格，且曾明言反對公安、竟陵之文論，更反對怒吼嘯叫之白文。詳檢其篇章，自可勾勒出綿密周詳態度嚴謹之學理，實不亞於晚明諸派之文論也。

除上述資料外，論及思任文章行誼者仍夥，如陳少棠晚明小品析論、黃華記明末殉節之王思任，及坊間多種文學史與晚明小品文選等，要皆不出上引資料之外，故不煩更舉矣！

## 三、王思任論作文方法

思任年十三，拜師翰林黃洪憲門下。同學十九人中，思任年最少，惟獨能「以獷猂總角，鹵莽生決」，見賞於黃師及湯顯祖、趙南星、郝敬等前輩名士之間（註一六）。明年，思任為攻舉業，閉戶棲居晉北罕山之寺中；五年後捷鄉試；二十歲即擢進士第二十三名，為是榜最年少者（註一七）。

晚明八股制義之條文，繁瑣苛劇，萬千儒生皓首窮究，終身未能償願者多矣，思任於此，嘗有深切之描述：

人生我明，時文一道，亦終身之大恩大讎也。……不得價，則窮年厮守，寒暑晝夜不離，如夫婦，又若金蠶蠱、人面瘡，一愛（受？）其纏，痛痒滯淫，牢不可解。其讎也更甚於恩，統料天下人，三年之內，承恩者千餘，不得而讎者幾千萬，不得而讎以終身者，則萬萬計。大冤小業，盲天怨人，宇宙間鬱氣，塞如霧黃，何其憾也？（註一八）

拔擢如斯其難，思任竟能以弱冠年少，穎脱萬千選士之中，則其爲文，必有慧心獨具，深知衡文軌範者，固非僅以諧謔輕俊，即能臻此也。然而其爲文之道如何？以下請略言其綱要。

## 壹、時文之道

所謂「時文」，乃謂科舉時代應試制義之文字也，又稱「小題」，即今人斥爲迂腐無益之「八股文」。惟時文作法格式嚴苛，稍一失慎，即前功盡棄，斯爲應試舉子無可逃避之苦役也。思任於此頗有心得，並視搦管撰寫時文有如探囊取物之易，其言曰：

時文者，設不了之局，以愚人者也。不得不入其局，須了人焉以破其愚。蓋嘗論操此道者，若我心勾當，則人心不甚相遠，此局了矣。……文之長短也，鋒之偏正也，一科異於一科也，而予視之一也。一科之中，高才若而人，雄才若而人，清才、雅才若而人；一人異於一人也，而予視之一也。一人自為文，理題若何淵妙，事題若何敘述，枯題若何發生，怪題若何扭捏，一題異於一題也，而予視之一也。……千題，一題也；千語，一語也。了則俱了矣。時文原纏帳之物，人腹中八九尺葛藤，窮年支蔓，安得慧鋌一截兩開？如沛公醉逢白帝子，揮訖便走，曾不反顧，亦快矣哉？（註一九）

又云：

蓋嘗摹試，事三年，止三日，校五千人。適我者，四千五百；向我三百，鬥二百；精汰之，敢鈕我者，以十計；其不戰而凌我者，一二人而已。是故士有獨至之心，有必得之氣。……有時意見所到，搦筆直書，寧倿其心，不競世好，所謂心氣兩至，一往奪矛。故足豪也。世豈無窮年太息者乎？六孔流通，一孔堅窒，其獨至者，偏心；必得者，游氣耳。今而後，知文章得失之故矣！（註二〇）

是以因應時文應試之道無他，首在了然文章體勢於心，再化繁瑣之事端爲一：視萬千敵手如一人，視萬千試題如一題，「若我心勾當，則人心不甚相遠」，下筆之際，以「獨至之心」，孕「必得之氣」，「意見所到，搦管直書，寧佞其心，不競世好，所謂心氣兩至，一往奪矛」。文章之作法，僅此而已！

至於實際行文時，宜需如何破題、承題，思任亦有其縝密步驟之說辭。

## 貳、行文之要

王思任曾曰：

地理也，金丹也，文章也，皆用逆。夫人而知之矣。不知逆之所以取順也，究竟歸一「融」字。……每按一題，必全度其後先，逆取而「融」注之，得厥旨奧，索筆急書，淋漓浩汗，讀入三行，靈秀兀合。此其得應之效，不在行文之手，而在破書之目矣。（註二一）

又云：

蓋嘗論之：掄文如選色，其面在破，其頸在承，其肩胸在起，其腰肢在股段，其足在結束，其大體在長短纖肥、神態豔媚、若遠若近、是耶非耶之間，而總之以面為主。面不佳，百佳費解也！豈有不能破而能文者乎？（註二二）

其說以為：逆志取意，通曉題旨後，始能「融」注題中，然後破題以出奧旨。思任且以五官肢體之妙喻曉學子，略云：作文如選美色，由面沿頸而下至於足；破題如見美人之嬌容，若面容醜陋，其他不必論矣！故「破題」一項，實為撰著時文之首要也。

## 參、衡文之法

文既成矣，閱文者或將以何區判文章高下？思任於此，亦取生活中常例為喻，云：

閱文如聽味，濃惡枯苦，厥罪惟均。菜在肉邊則菜勝肉；有菜意則肉佳。雖云舌端三昧，而物理應自如此，至於文章，何獨不然？（註二三）

人情之所趨，以稀為貴，若飲食之際，肉多菜少，則菜以物稀而貴；若夫肉少菜多，則食者皆爭肉矣。文章之道亦正如此。衆口一聲，而己獨能標舉新幟，以一言立群心之先，風骨卓異，何患不拔取頭籌乎？

## (一) 選文四法

其後，思任主青谿縣學、爲當塗縣令，於拔秀才、擢生員時，亦多以此爲準。如三十一歲爲南京刑部主事，視察學政而歲試青谿儒童時，即曾提出選文之四準則：

儒童之技具，奏鳳彩，下射虎，氣騰上，不守父師成說，而獨寫靈心者，首拔之。紅霞照玉，月香秋生，未賜天廚之珍，而亦不食人間煙火，次拔之。筆下有文，胸中有字，五官勻稱，六輻輳停，是苦心用意之客也，再拔之。而或丈瑕尺瑜，小鸞大腐，目下未必超超，將來或當了了，終拔之。(註二四)

所謂「鳳彩」、「氣騰」、「不守父師成說，而獨寫靈心者」，意即天賦異稟，獨創佳作，不作模擬者也，思任便以此類文字列爲榜首。若夫具有「紅霞」、「月香」自然情致者，雖未得天賜奇才，亦未染習人世俚俗，文字亦甚佳妙，乃拔列第二。他若「苦心用意」，孕育諧調勻稱之文義者，是有志者孤詣之作，斯亦足堪嘉勉，特擢置三等。至若略具小才而潛力未盡發抒者，文雖欠佳，然日後或有所成，亦錄置四等，以冀他日復能闡發幽光也。

其中「首拔」標的，悉以「靈心」「獨創」爲準。思任曾於青谿歲考之後重申此議，云：

人情之所愛者，莫不欲其自己出。即使人有之，而己借之，其心終不愛也。……凡一畫亦當欲其出之於己旨哉！（註二五）

「出之於己旨」者，斯乃頗具主見之童生所爲也。惟童生雖慧，而父師或近鄙嗤，則將誤導英才墮庸俗之途，如：

童子纔行文，而即以小題苦之，以四老先生望之，此語孟讀完，而即責之以韓柳歐蘇也。皆功令之過，父師之不明也。（註二六）

古今多少英才，常因父師誤導，以致困於場屋，終不得出其藩籬，以老以終，何其可歎！湯顯祖亦頗贊許此說，嘗於「王季重小題文字序」中，標明爲文有「三不成」之說，其一、二兩項，可謂唱和思任所言者。湯氏云：

大致天之生才，雖不能眾，亦不獨絕。至為文詞，有成有不成者三：兒時多慧，裁識書名，父師迷之以傳註括帖，不得見古人縱橫浩渺之書。一食其塵，不復可鮮。一也。乃幸為諸生，因未敏達，蹭蹬出沒于校試之場。久之，氣色漸落，何暇議尺幅之外哉？二也。人雖有才，亦視其所生。生于隱屏，山川人物、居室遊御、鴻顯高壯、幽奇怪俠之事，未有睹焉。神明無所練濯，匈腹無所厭餘。耳目既吝，手足必蹇。三也。凡此三者，皆能使人才力不已焉。才力頓盡，而可為悲傷者，往往如是也。（註二七）

思任以其天慧，青雲科場，免食塵秕之穢，倖保鮮怒之氣，是以其文亦終能雋逸超騰，且以此訂爲權衡，不喜模擬號叫、生澀湊泊之語。故又云：

如僅以小兒之穎，挖空生語，頭巾之學，飣餖雜張，不則霸王叱咤，豪叫一番，蘇秦縱横，演敷數帶，雖玄黃炙脆，紙動戈飛，吾無賞焉！（註二八）

（二）評文十五等

思任此時之衡文四法：超卓、自然、苦心、潛力，日後且轉用於評閱山水風貌之中。當其三十五歲遊台蕩時，驚艷於天台山之絕景，因次第品量諸名勝之優劣，遞分爲十五等。此雖爲山水韻事而發，亦可窺見其衡文準則：

> 外史氏曰：予游天台，蓋操一日之文衡矣。賴仙佛之靈，風雨無恙，得以搜閱竣事。略用放榜例，品題甲乙，與諸山靈約，矢諸天日，不敢有偷心焉。
>
> 文章胎骨清高，氣象華貴，萬玉剖而璧明，萬繡開而錦奪，崑崙嫡血，奴僕群山，仙或許知，人不能到，所謂瓊臺雙闕也，第一。
>
> 磅礴渾茫，從天而下，不由父師，立參神聖，雄奇之極，反歸正正堂堂，吾畏之，終愛之，石梁瀑布第二。
>
> 天繪巧妙，鬼斧彫鑽，腹字多奇，令人解頤殢步，能品加入神品，明巖第三。
>
> 孤月洞庭，正爾寂照，忽有天山萬里雪，一夜飛來，此曠世逸才，國清第四。
>
> 惚恍幽玄，不記何代？片時坐對，人化為碧，桃源第五。
>
> 繞腸雄氣，滿腹古文，鬱鬱蒼蒼，扶餘窮北，萬年寺也，第六。
>
> 鄧艾縋兵入蜀，要以險絕為功，不險不奇，奇絕乃險，斷橋落澗第七。
>
> 醉筆橫披，英英玉立，不與絳灌為伍，名士也，但才氣太露，煙火未除，屈置稍

後，赤城第八。

孤芳獨唳，不求賞識，然奇矯無前，人人目攝，寒巖第九。

清新俊逸，居然道骨仙風，是瀑布嶺下數家也，未有知名，當亟拔之，第十。

魄張力大，有如天風海濤，夙願台山之謦，華頂第十一。

因宜適變，曲有微情，藏若景滅，行必響起，高明寺幽溪第十二。

望之甚奇，即之甚平，別造一格，高下倒置，桐柏宮第十三。

停勻沖粹，淡日和風，輕入長春之圃，實稱其名，天封寺第十四。

句句番語，字字鬼才，別有僻腸，不得以文體而黜之，神仙趕石第十五。

……尚有百十勝未錄。或前事之工易掩，或一日之長未盡，或星屑而可遺，或雷同而易厭，或目未接予，或足尚妒爾。庶幾獲附于拔十得五之義，而幸免於掛一漏萬之譏也。予之所以次第台山者，如此矣！(註二九)

各等高下之分，簡言之如左：

胎骨清高，天賦美質者，入一等。

磅礡渾茫，自創雄奇者，入二等。

奇巧神妙，人氣露才者，入三等。

曠世逸才，突變雄渾者，入四等。
恍惚入神，遺世忘我者，入五等。
古文蒼鬱，雄氣繞腸者，入六等。
險絕爲功，不可逼視者，入七等。
英挺名士，露才氣俗者，入八等。
孤芳獨賞，奇矯攝目者，入九等。
清新俊逸，仙風道骨者，入十等。
魄張力大，風濤逼人者，入十一等。
曲微藏滅，尋之始見者，入十二等。
奇而不永，自成一格者，入十三等。
沖粹淡和，四時長春者，入十四等。
號囂眩人，僻腸別具者，入十五等。

其中，一至三等可稱「天賦超卓」之流，四至六等可稱「自然雄渾」之流，七至十一等可謂「苦心孤詣」之流，而十二至十五等，則屬「潛藏幽光，耐人尋披」者流也。至於思任所欲棄者，殆屬星屑不全、雷同易厭之類，或即其反摹擬、反空靈之心聲也。下節將詳論其事。

## （三）解會文意有賴天賦

衡文之法既以天賦為尚，則衡文解意亦須具有天賦異稟，始可一睹深厚之美文勝景。

思任曰：

人面有海目，方可視江河。彼且為池沼以囿我，而遽波立其上，焉在其不駭而去哉？（註三〇）

人身七尺，眼僅寸餘，所見者百里。而域泰山，有丈目，即可以通萬里。乃其軀四千丈，當如何視由旬耶？（註三一）

（徐）伯鷹曰：「然。吾第欲還我雙眼。所願一眼如天，一眼如海。」問曰：「何須恁底睜大？」曰：「不但看山水，亦看伊（天目山）也。」（註三二）

讀盡異書，看盡好山水，本為昔賢深願。然具有天大之眼，始可觀天大之景；具有天生之才，始可賞天生之文。至於賞文解意之法，思任重在會心而介乎可解不可解之間。其言曰：

詩文在可解不可解之間。盛靈飛曰：「與其解之，寧不解之；不解之口，而解之心；不解之世人之心，而解之自我之心。」此棘嫉湍憤之言也，然而持之有故。（註三三）

五經皆言性情，而詩獨以趣勝。其所言在水月鏡花之間，常使人可思而不可解。吾嘗謂太白終在少陵之上，即其寄託游仙泳女，一再讀之，飄淫恍惚，而別離短促之景具是矣。（註三四）

「與其解之，寧不解之」，「一再讀之，飄淫恍惚，而別離短促之景具是矣」，言之使人神往。然思任又以爲：若眞有慧心者，可一見而解奧旨神韻，斯又另一境界矣！

詩之神何在？則又不在遠而在近。其骨其色，即近即遠，有夸父之所浩歎，章亥之所弗追者矣。余嘗言：作詩如寫照，一見而呼之曰：「此某某。」果某某也，詩在是矣！（註三五）

夫韻在聲後，格在局先。善歌、善弈者，可知而不可解，即可解而又不可知。雪湖直以梅知之，而以畫解之，此其心之獨至，千載而下，有必傳者也。（註三六）

由此可知，思任於作文、衡文、賞文之道，皆以天才是尚，是以於文才天生之觀念中，特拈出「詩胎」一詞，以為標的。下文請詳述其說。

## 四、王思任論文才由來

向來論及才能稟賦之來由，有謂天生自然者，有謂苦學孤詣者，皆各自「持之有故，言之成理」。而思任亦以為文章之才能，一則來自天生，一則來自後天之努力。天生奇才者，思任以為即前世輪迴所致，故生而高人一等，實得天地鍾靈毓秀之氣，發諸詩文，則名之曰「詩胎」，是思任獨創之異詞也！惟欠闕「詩胎」者，亦可由後天之苦學孤詣獲致神靈之氣、自然之韻，他日行諸文筆，自有卓然飄逸之篇章生焉，姑且名之曰「神氣孤詣」。

天才與苦學，來由雖異，而文求自然、韻趣，則殊無二致也。

### 壹、詩胎天成

思任讀莊子齊物論之「天之蒼蒼，其正色邪」，忽悟天地萬物之理，以為萬物若得鍾靈毓秀之氣，則可發為物類之精秀，因言曰：

吾從蒼蒼處起想，則名之曰「秀」，但濡其少許，在女西子，在男衛玠，在禽曰鶴，在花曰蘭，在植曰竹，在果曰蘋，在蔬曰筍，在味曰天花，曰江瑤柱，而在文章中曰詩。（註三七）

木有天花，草有靈菌，果有蘋實，竹有湘筍，英華之秀，造化所稟。（註三八）

樹故名柴木，得雨之後，精氣怒生，菌如斗壯，所云天花者也。牧兒得一本，輒易一縑。是木胎稟兌氣，辣飽風霜。（註三九）

木胎、蘋實、天花等，皆物類之秀也，推而及於山嶽，則名山勝景亦爲得天地之秀而生者。

山川效之，得銳者勝，則有鼎湖拔空，華不注兜卓、桂林千筍、匡廬五老諾巨羅剪峰，一望而刺瞳警骨矣。（註四〇）

泰山丑寅交代之地，是帝之所出震也。萬物怒生，於此首建，元氣磅礴，形即壯焉。宜其父崑崙而兄四嶽也。（註四一）

天下山水，有如人相：眉巉目凹，蜀得其險；骨大肉張，秦得其壯；首昂鬚戟，

楚得其雄；意清態遠，吳得其媚；貌古格幻，閩得其奇；骨采衣姸，滇粵得其麗；然而韶秀沖停，和靜娟好，則越得其佳。（註四二）

異神妙之功！

者便能標拔如此；同理，有情之人，若能獲取天地靈氣之挺秀於一身者，更可凸顯其卓

泰山、桂林、匡廬之勝景，皆鍾天地之秀氣蘊毓而成者。無情之物，攝得大地靈氣之秀

草木中有竹，人之仙也，鳥之鶴也，自胎龀以至於禿，其情瀋影魄，即無有不妙者。（註四三）

人中之秀曰仙，與前引所云：文章之秀曰詩，皆自胎龀以至於垂老，其發爲形象者，無不妙也！且其所得之秀，皆爲宿定，若欲藉助今世之努力以求，固將徒勞而寡功。故思任言曰：

吾家右丞有云：「夙世命詞客。」凡為詩者，必藉今生撚鬚，探討回腸，所得無幾也。（註四四）

⋯⋯而不知（李）大生詩早于文。爰自彀音嚱嚱，便喜韻言，宿慧旣通，前身詞

客。（註四五）

當其貴之時，馨香可以達天，高峻可以踹嶽，雋異可以破鴻濛，縱肆亡狀，可以折賢聖之腰，而下英雄之淚。然亦前胎宿世，貴者自貴耳。（註四六）

人間字若牛毛，說如蛇喙，自童子以迄成人，三餘之功，能有何幾？錐肱噉膽，冀得一當，此不可知之事也。惟胎夙鍾靈，迷則天啟之，而弱則天誘之，三行以下，清光便來，此人所不能妒，而己所不能辭者也。（註四七）

「夙世命詞客」、「前身（世）詞客」、「前胎宿世，貴者自貴」、「胎夙鍾靈」云云，皆肯定文才天生之說，後天努力，「所得無幾也」。思任且精析其理云：

文章之託生，與人無異：有從天而下者，有從星辰嶽瀆而降者，有仙佛度世者，有神道轉輪者，有龍鬼精怪投胎吐氣者。天之文大而近；星辰岳瀆之文奧而尊；仙佛之文旨而導；神道之文肅而準；龍鬼精怪之文奇而幻。（註四八）

天神降生以度化世人，乃古人普遍之信仰，宋人蘇軾亦於潮州韓文公廟碑中申言：傳說爲天上列星，韓愈則飄飄然來自天帝居處——白雲帝鄉。思任崇信此理，將文才託生方式分列爲五：曰天、曰星辰嶽瀆、曰仙佛、曰神道、曰龍鬼精怪，其才行諸文字，則化為五類不同風貌之文章矣！

至若文胎降之人身之事，思任則略分為三類：

> 人受天地之中以生，莫不隨其氣之所稟，力之所及，以為文之至與不至。是故有才人之文，有學士之文，有君相之文。才人之文，得天地之奇；學士之文，得天地之正；君相之文，得天地之易簡。（註四九）

既曰「文章之託生，與人無異」，而文章之優劣，又是「莫不隨其氣之所稟，力之所及」為準，然則「詩仙」「詩聖」之出，亦由天定，非由人為也。

> 學道之人，參雲宿水，苦行萬千，求師化度，何益於事？（若）有一寸仙骨，易得處耳。詩之有胎也，猶仙之有骨也。聰明學問，詩之所必借也。……詩之胎在國風，唐人如長卿、太白、岑嘉州等，俱生而有之，此後皆寄豭祝蜾者矣！（註五〇）

> 將惟隴西最盛，而詩至少卿、太白，又誰敢與爭衡者？是不獨將有種，而詩亦有種也！（註五一）

太白詩仙，少陵詩聖，定評乎？曰：文近聖，詩近仙，兩人皆詩人，皆仙也。何以知之？兩人題詠，俱有遺生破死之念，但太白少而仙，少陵老而仙；太白快而仙，少陵苦而仙；太白飛揚縹緲玉臺天闕而仙，少陵秉簡步虛洞府五岳而仙。（註五二）

「詩之有胎」及「詩亦有種」，是得以造就「詩仙」「詩聖」之主因，思任此言，不外列舉申明前文所謂「前身（世）詞客」「胎夙（宿）鍾靈」之事實而已！

由「詩之有胎」，思任乃拈出「詩胎」一詞，用以專稱天賦文才之人。——凡此，亦即思任與公安、竟陵文論區異最明顯者也。思任曰：

吾友方汝善，詩胎也。……其發思必渺，寄韻以沖，勝句佳聯，每以不思不勉得之。吾家右丞有云：「夙世命詞客。」凡為詩者，必藉今生撚鬚，探討回腸，所得無幾也。太白一生服謝語：「大江流日夜，客心悲未央。」此兩言者，亦有甚濃致，而氣象混茫，非江非客。詩胎讀之，便如隔世事。（註五三）

謝靈運沈鬱雄渾之詩句，會心人讀之，凝蓄於可解不可解之間，而前身詞人之「詩胎讀之，便如隔世事」，恍然如置身前世，往昔猶歷歷在目也。此即「詩胎」所以異乎尋常文人學子之處也。

之。

「詩胎」又稱「胎骨」或「詩骨」。天賦「詩骨」者，佳聯妙句皆可不思不勉而得

文章胎骨清高，氣象華貴，萬玉剖而璧明，萬繡開而錦奪，崑崙嫡血，奴僕群山，仙或許知，人不能到，所謂瓊臺雙闕也，第一。（註五四）

今天下人能詩矣，而詩不能人。一切悲愉興比，徵事廣韻，變化擬議，匪不嘔心，但生來未具詩骨，銜口便忤，無詩也。（註五五）

輒謂詩文一竅，決非今生撮辦，有心及之，而舌不能及，有舌及之，而手不能及，有手及之，而學問考訂不能及。大約底滯蹇昧之人，去此道遠，而朗圓英爽之輩，入此道近。（註五六）

大凡「胎骨清高」「崑崙嫡血」，「仙或許知，人不能到」者，思任評爲第一等文章，此種「詩文一竅，決非今生撮辦」，若「底滯蹇昧之人」，「但生來未具詩骨，銜口便忤」，是不可強爲詩者！故思任重申其論，以爲庸才俗士，若強欲湊泊，終將徒勞而無功！

今之餓面，枯坐為時文者，能罄焚其所謂滿房大部，獨置水沉香几七尺閣四記一

錄於上，終日把之玩之，定當心花活綻，腕鐵鏗轟如此，而猶不能取高元大魁者，則亦石頑豕蠢，止可餐聚遺矢而已，尚復可共之譚文哉？（註五七）

自古言詩人者，詩從人出也。果其人而詩也，即欠申笑噫，韻趣溢流；果其人不詩，即拈斷枯鬚，瀝乾心汁，非不聲偶五七，而土鼓不響，蠟渣何味！（註五八）

時文至今日，不難得英雄，而難得賢聖。高眉大魄，蠻力豪筋，一語即欲人知，既知即欲人服；然一或失腳，便塗抹叫號，而英雄苦矣！（註五九）

今之為詩者，寄猳祝蜾，非不薰脩極力，而俗腸艾氣，出胎可憎。（註六〇）

其言「石頑豕蠢」、「餐聚遺矢」，「土鼓不響，蠟渣何味」，「塗抹叫號」、「寄猳祝蜾」，皆無「詩胎」而強欲作詩者之丑態惡狀也。

衡文既以「詩胎」爲尚，然則中下之才，豈盡不可論文作詩矣哉？曰：是不然也。思任雖以天賦爲重，惟亦知天才罕見，是以「孤詣苦學」一途，仍屬創作詩文之要務也！

## 貳、神氣孤詣

思任鑽研制義時文久矣，既爲官令，又數度考量學子諸生，閱文多矣，深知才分高下，「詩胎」難得。故謂：中才之人須自砥礪，刮垢磨光，始可一發幽潛，上騰九霄。此乃苦學孤詣，終致神氣之良法也。如此一來，行諸文筆，自有韻趣。思任又云：

舉業，小技耳；然而人得之者什三，天與之者什七。（註六一）吾座師南充黃昭素命予之言曰：「勉之！季重！爾能自愛者，幸多讀書。凡一畫亦當欲其出之於己旨哉！」（註六二）（孫念雒）吏部賦質，奪萬人之座，又苦心讀書，摹古滌今，不知攢眉撚髭者幾何年歲矣。於是博收研入，因趣流聲，大小疾徐高下，不覺其鐘之應叩，而響之答桴也。（註六三）

此（指「作時文」）必有一訣竅，得訣則輕，得竅則就，終身以此定文。……啟明之所以得輕、得就，不知費幾夜雞聲矣！（註六四）

凡能握管熟寫時文以得高第者，雖須具天賦之才，惟「人得之者什三」，亦即有賴本身勉力，始得以售！故思任之本師勉其「多讀書」，多作文，以求「凡一畫亦當欲其出之於己旨」。能如是者，縱然才賦稍遜，亦可終底於成。思任且舉孫念雒及水啓明之苦學致果，爲實例以證。

然則苦學亦應有術，並非糊塗妄爲者即能收效。思任曾以古人學射爲喻，申明循序漸進、通達變化、終底於成之理。

靈有專門，天下至巧至妙之事，皆氣以先之也。……夫氣之所往，在紙紙立，在字字飛，此自諸君餘勇而抑知，故將軍（指「李廣」）之所以射乎沒石之技，起於射虎，射虎之技，起於貫蝨。視虎猶蝨，則無全物；視蝨猶虎，則無空物。志氣交競之時，不可以先後論也。（註六五）

通變化者，可以役鬼神也。故蝨必車輪，蟻必牛鬥，而後耳目之官，各極其用。曾以此看小題，一字之冷，通章熱血呼吸盡來，迺真小題也。（註六六）

使其靜坐三年，劈有聞見，塵如馬，蟻如象，蝘蜓若負舟之龍，雷碾而電劃，然後以王、唐引繩，以瞿、薛削墨，以葵陽先正等，櫨枅而梁棟之，緣之以刻鏤，潤之以丹堊，庶幾知題之未嘗有小，而小者更不易為也。（註六七）

學射者，若能視蝨如虎大，則眼無空物，射之必得；行文亦如斯，視題旨皆能了然於心眼，何題不可作，何科不能舉乎?「蝨必車輪」，典出列子湯問篇：

紀昌者，又學射於飛衛。……昌以氂懸蝨於牖，南面而望之。旬日之間，浸大也；三年之後，如車輪焉。以睹餘物，皆丘山也。

視之三年，蝨始如車輪，則三年之中，精思覃索，苦心可知。是以思任亦謂：孤詣於文者，當學爲「傳聖賢之神」，非可倉促聚得之也。其言曰：

明興，以舉業取士，風簷寸晷之中，各伸一幅，……但無失其神者，都在所取。故今之為舉業家者，皆學傳神者也。聖賢之神，一落於言語，已去其二三，再落於文字，又去其七八，所剩者無幾矣！使非平時面壁，落月照梁，積思虔禱，恍惚遇之，而欲於風簷寸晷之中，倉卒呼得，如造車之人半面，此非鬼神通之，安能常詭獲哉？（註六八）

此言「平時面壁，落月照梁」，乃積久力學，苦求神韻之法，若不能「積思虔禱，恍惚遇之」，則將無所用處，恰如孔子所云：「學而不思則罔，思不學則殆。」故而主張「學、思」必須兼具，始可成功也。

思任且舉吳道子畫水，三年而引龍王競至；暨文友劉雪湖畫梅，盡得其神之實例，以申其神韻說。

定州有壁，六月飛塵。寺僧以為得水可以厭旱。吳道子過其下，出心畫之三年，……

：老龍競來環視，誤以為外府，久之去也。……此非以吳道子畫水，以水畫水也。天輪戾轉，開合盡驚，凡一年而得勢。五嶽裂呼，龍門霆駛，凡二年而得聲。吐吸萬里，自然往復，凡三年而得氣。（註六九）

以水畫水，一年而得勢，二年而得聲，三年而得氣，致使老龍迷其聲勢雄渾之氣，竟誤以爲寺壁爲水宮，徘徊良久乃去。此亦苦心孤詣，終顯神韻之例也。而雪湖畫梅，亦約略如是。思任云：

山陰劉雪湖，少時見王元章畫梅而悅之，至忘寢食學之成，遂負笈買履，走名山幽壑，遍訪梅花之奇，盡得其情態。無日不吟，無日不畫，遂不知老之將至。始焉以元章畫，繼焉以梅畫，迄於今，從心所欲，或以雪湖畫，或不以雪湖畫，腕脫神飛，墨停三日，而淋漓之氣不止。曾有廣文嚴某，泛舟展視其圖，值花蝶翩來，依依數里許。又曾畫倪中丞之壁，越半載，蜂食其華殆盡。化則還天，誠能動物，一之至也。（註七〇）

雪湖苦心孤詣，遍訪名山幽壑，蒐覽梅花之奇。初以摹擬王元章爲主，繼之以寫梅花眞貌，終而從心所欲，盡得梅花情態，神飛氣現，宛若眞物，致令彩蝶翩來、蜂食殆盡，雖不盡可信、亦足以言畫工之妙筆也。此即力學深思之功也。

惟專注學思之際，亦須知神氣之所在，使氣了然於心，始可隨心發之於性，以成絕妙佳作。物如此，文如此，人亦莫不如此。思任云：

善觀（泰山）者，觀其氣而已矣。孔氏觀之曰「渾然」，孟氏觀之曰「浩然」，俯察厥理，各有所會。登泰山，孔氏意也；小天下，則孟氏意也。（註七一）

予嘗登泰岱，視幾萬峰峭，鴟狂馬怒，汶流一線，映帶中原，何茫茫也。要知此物非形非勢，得氣而大，至於論文，亦正爾爾。……然其砰訇之氣，揭紙即動，鼓之不竭，遏之愈盈。（註七二）

天下之人得氣者，可以處大事，天下之文得氣者，可以取大名。江淮湖海非不浩汗，然而由地中行至，黃河則從天而下，堆滾瞑眩，衝齧橫來，不知紀極，則氣實先之。（註七三）

觀泰山則觀其「氣」，黃河差勝江淮湖海，亦因「氣」盛。以此推論，文章得「氣」者，必可得天下之大名也。

然則何謂「氣」耶？思任釋之曰：

天者，氣之顯也。其正大嚴毅之流行也，中於時為秋，中於星為斗，中於象為霆，

> 中於土為嶽，中於水為河、為漢，中於木為竹、為松柏，中於金為鐵，中於火為焰，中於禽為鷙，中於獸為虎、為豸、為龍，中於草為蕙、為葵、為指佞，中於實為栗、為椒，中於人為英雄，而中於英雄之身為膽、為血、為怒。吾何以知其然哉？繇（由）氣而知之。氣既相傳，而又有理以教之，使其氣翼馮鼓盪，浩浩乎鼎承而不匱。（註七四）

所謂「中於土」「中於人」等等文意，似與「詩胎」所言之「秀」者類似。惟深究詳較後，則判然不同。蓋夫胎秀者，意謂天賦奇才，不必思、學，即可發抒，故思任曾云：「惟胎夙鍾靈，迷則天啓之，而弱則天誘之，三行以下，清光便來。」（註七五）而此處所言之「氣」，則爲正大嚴毅、磅礴駭人者，如孟子所言：「我善養吾浩然之氣。」須教之、養之，始見風行。是以思任亦曰：「而又有理以教之。」不教，則「氣」不現而亡矣。

既謂得氣則磅礴風行，然則「氣」當如何風行，始能慴人耳目，鼎承而不匱？曰：以「怒」充之也！思任以「螳臂擋車」寓言闡釋此論。

> 文章之氣，不怒不可以取大名、顯當世。兩軍蠻觸，怒者畏之，此其說在螳螂之臂也。……天地之文章，無往而非氣，其氣無往而不怒也。（註七六）

> 其持論以氣為主，以一為宗，要謂英雄一息，即當國家千百年之用。（註七七）
>
> 是故士有獨至之心，有必得之氣。……所謂心氣兩至，一往奪矛，故足豪也。（註七八）

蝸角蠻觸之戰，橫屍遍野，氣怒者得勝；螳臂擋車，齊莊式之，氣怒者致之。推諸文章，亦有怒氣，不怒不可以取大名、顯當世。以怒氣奪人心魄，怒之出於正而持之以久，則可化而爲一，此或乃英雄一息之氣也。由此可知，怒實爲苦心孤詣之極致也。若無怒氣，即不敢破世俗文章之窠臼以出，則將終身嚅嚅，無有盡期。思任於二者之異，亦有所論：

> 學人腹餡爛帖括二千篇，逢年糊氏，靦為己有。技盡矣，即一璣牘羽吟，不知從何處磨緝。此非父師之罪也，誤在功令，長老子孫，不敢破非常之原耳！然而豪傑之士，陸梁跳跌，恥一字不出於己，命一筆欲高於人，讀今人未見之書，行古人未到之路，淵蠖其心，木雞其守，靈鼉其舌，蝸虎其睛，於是命古而古，命今而今，命文而文，命什而什，濆瀁莽滔，播騰鼓翕，而後為合喙鳴。（註七九）

是言困於科場之人，惟知摹擬鈔誦，不敢出一己之眞「氣」，是以始終無成。若能廣覽壯游，則心意自悟，「怒氣」自出，何等文字不可出？何等功名不能得？

惟此「怒氣」並非俯拾皆準，務須具有訣竅者始可得之。是以思任再拈出「訣竅」二字以言之。

> 宇宙，大穴也。大穴之中，皆千孔萬竅之所據，靈洞環通，愈上愈有第著。血心一粟，則窒絆而不可解。……吾嘗以此相人高高下下，視其自所謂孔竅者，以為高下而已。（註八〇）

> 此（指「時文」）必有一訣竅，得訣則輕，得竅則就，終身以此定文。（註八一）

> 六孔流通，一孔堅窒，其獨至者，偏心；必得者，游氣耳。今而後，知文章得失之故矣！（註八二）

宇宙天地間，竅無處不在也，若夫人心亦有竅。相傳殷之比干，心有七竅，名「玲瓏心」，惟聖人具之。思任亦以爲「血心」有竅，暢達無礙則「靈洞環通」，若有「一粟」塞之，則雖「六孔流通」，亦「窒絆而不可解」矣！

以此推而論諸文章，亦自有竅，能提淬鍛鍊而得之，則了悟靈通，凡事迎刃而解。又，自竅而出者曰聲，實爲文章之精靈，善用之則無不達矣！思任云：

肉氣靈活，俱從竅出。竅之最急者曰聲，而不審聽明睿知（智），以聰為兄乎？聲者，天之所愛吝也，昆蟲得其一二，鳥獸或三四焉，而人得其億萬，聖賢得其不可思議者，以為群聲之主，脫口落墨，即中律度。一部四書，聖賢無聲之聲，盡傳於此。世儒苦功令，割聲為題，又認題為字，但能視題，不能聽題，此所以無高文也。(註八三)

文章之鼻祖出於聲。今之時文，准唐之詩也。唐以詩取士，謂從聲而可得其氣，從氣而可得其心也。然詩出於歌，歌起於謠曲，聽其聲之貞淫，即知其國之大細。巡方審聲，所由來遠矣。第古之聲出於童叟婦人，無所為而為之，則甚善。今之聲，必出於士，而士以之逢年揣摩，顛倒其中，則欲善而反不盡善。(註八四)

飲之趣有酒，聲之趣有詩，此二氏者，不同族而同祖。何以明其然也？茹毛飲血，不安其飽而思醉；飛土逐肉，不安其響而作歌。於是薪火遞傳，青冰層出，酒之屬若而品，詩之屬若而類，遂至巧歷不能算。(註八五)

思任以為：靈活之氣從竅而出，出則成聲，連聲而為歌，歌入詞則為詩。故曰：「文章之鼻祖出於聲。」詩大序亦謂：詩言志，歌永言。行人執木鐸以采詩，無非察審國風民情之貞淫文野而已。可知思任以聲為文章之鼻祖者，固有其獨具之卓見。

以上所述，凡詩胎、怒氣，或由天生，或因力致，方式雖殊，唯探尋詩文之神韻、眞實，則無二致。思任即由此理念，憑藉「自然」「眞實」二途，用以尋繹文章之內容焉。

## 五、王思任論文章內容

文章之內容，實爲文章精神生命之所寄。晚明小品之內容，首重自然、眞情。以自然之景，寫爲自然之文；以眞至之情，道盡眞至之韻。或有不然，則非小品文矣！思任於自然、眞情處，亦再三致意，由觀賞自然之景，進而發抒自然之情，進而演爲精誠之意，再由之而得自然韻趣，斯所謂眞至之情所出者也。是以自然、眞情，實即構成思任文章中之眞實生命者！其詳情可由下文得見。

### 壹、重自然

自然流露，性靈機發，乃公安一派之所倡言，思任於此亦論之甚詳。其說云：

花事多矣，惟梅花見天地之心。何也？……蓋天地之心，從堅凝寒沍之中，發

而為和，絢爛乃早。……觀大士密秘，在色聲香味觸法，梅得此詩，而梅心始露焉，得不謂之心詠？（註八六）

梅從堅凝寒沍之中綻放，純任自然，不經斧鑿，故能獨得天地之心。至若人爲文章，亦當如是，自我心中發出，斯爲自然佳妙之作。

會心之時，目不能出，舌不能芭，偶舉其神似者，作韻自詠，此以為詩矣！詩以言己者也，而今之詩，則以言人也。……李太白一步崔顥語，即不甚為七言；杜子美竟不作四言詩，亦各任其性情之所近，無樂乎為今詩而已。（註八七）

造物者既以我為人矣，舌自有聲，手自有筆，心自有想，……覺非我不能想之、聲之、筆之，覺我所想之、聲之、筆之者，皆天地萬物等，自有心、有舌、有手，而適以我出之者也。（註八八）

會心、神韻，皆因「各任其性情之所近」而得也，眞正了悟，非我之才，則他人皆不能代爲想之、聲之、筆之；亦惟有眞正了悟，我所欲想之、聲之、筆之者，皆屬天地萬物自然之心，循此以行，神韻斯能自得矣！

「言爲心聲」，即爲自然，思任於此，言之綦詳：

天下莫尊於無名之璞，玉次之，瑚璉為下。豈非以其離己漸遠之故耶？（註八九）予游賞園林半天下，弇州名甚，雲間費甚，布置總佳，我心不快。獨快者，永嘉之陽湖、錫山之愚谷、次寧瀨水之彭園耳。豈非以其天工世物，愈古愈妙。創不如守，有非人力之所頓雄者耶？（註九〇）

惟明者信，惟清者貴。此相因之理也。月之易懽也，秋之易感也，皆其心之清明，而無以飾之為也。飾懽者不愉，飾感者不慘。無論疑信，即笑哭之中，貴賤遠矣！（註九一）

「離已漸遠」，「創不如守，有非人力之所頓雄者」，「飾歡者不愉，飾感者不慘」，皆爲人情自然之流露，物如此，文章何有例外？當亦非出於自然不爲功也！

文章節義，皆准山嶽江河之氣，是不大鬱，則不大攄。（註九二）

酌墨呼酒，生描而活繪之，遂使山川自笑，草木狂舞。（註九三）

董元宰先輩與予論畫：有生動之趣者便好，不必人鳥。一水口山頭，不生不動，便不須著眼。予謂此說可以論詩。蓋生動者，自然之妙也。孩兒出殼，聲笑宛怡；若塑羅漢，窮工極巧，究竟土坯木梗耳。唐人之詩，韻流趣盎，亦只開口自然。

（註九四）「生描而活繪之」，「聲笑宛怡」，即能有「生動之趣」，自然「韻流趣盎」，是以「不大鬱，則不大攄」，的是確論！惟自然之文，究竟何以出之？則曰：出自性情之直也！性情乃本心之主，出諸自然，即爲眞實無妄之神韻矣！如此始能令人雋永不厭也。此則思任文論之另一見解也。

## 貳、道眞情

思任云：

> 詩三首，皆性也。而後之儒增塑一字，曰「詩以道性情」，不知情即性之所出也。……詩中雲心澹蕩，石火世塵，豈在一蝸角？（註九五）
>
> 三百篇多婦人、女子、卉木、楊柳、黃鳥、草蟲，無不播之詩歌，以為得性情之正。漢魏以後，秦嘉封械以贈偶，蘇蕙織錦以寄夫，詠絮標靈於朗秀，頌椒著慧於才誠，至明而稱絕響矣！（註九六）

至于尋常粱肉，名不告，籍不華，人飽之則悅，失之則思，似不可一日少者。何也？至味之妙，在真能養人也。今之宇宙，豈不亦樸既散，淳既漓？然猶不盡蹊奸穴佞也。其真氣往來，覺人心終不能偽。（註九七）今夫膏醬醯錫，調以桂芍，非不甘且適也，力厚者踰月而敗，薄者日計。至於水，湛然天處，能養人而不媚人，沖行今古，其味無窮。（註九八）氣豔明，物蕃秀，玄黃朱紫，被九天而錯九地，文矣，而非其至者也。霜降日遠，碧沓天根，如玄酒之歸於水，而六十四卦之返於一，而後天下之至文始出。有力之士，心若藥金，倅投之火，五色具沸，然此際按之則肉，而舉之則柴。至於力完而無所用力之日，削華就樸，拔美入中，以空靈之珠，滴湛玄之露，則言言俱有實得，不須告人，而略奏一篇，必有躍然其欲起者。（註九九）

此處五段文字，皆言人之通性，於眞實無妄處，最能顯現雋永不儥之味，如「雲心澹蕩，石火世塵」，如「得性情之正」「朗秀」「才誠」，如「養人至味，眞氣不僞」，如「削華就樸，衆返於一」，皆理之必然者也。

性情之眞，多自精誠處來，精誠則能與人旁通合流，得人所長，去己之短，爲文之際，風韻神識，自然標舉矣！

時文之道，要在精誠。上不通天，幽不泣鬼，見不驚賢，和不媚俗，皆其精誠有不到處。……文滿千筒，終隔一紙。彼其所持者贋人不肯與之言，彼亦不容人與之言究竟熟鈍，至於疲敗，終不知精誠是何理也？（註一〇〇）

能得精誠，行文自然眞切，刻畫描摹，皆能各盡其貌，是以動人深且久矣！思任且以實例說明此理：

即若士自謂：一生四夢，得意處惟在牡丹（亭）。情深一敘，讀未三行，人已魂銷肌栗，而安頓齣字，亦自確妙不易。其款置數人，笑者眞笑，笑即有聲；啼者眞啼，啼即有淚；歎者眞歎，歎即有氣。……如此等人，皆若士玄空中增減朽塑，而以毫鋒吹氣生活之者也。（註一〇一）

自然之眞，入之性情，發爲行事，則逼眞肖貌，使觀者魂消肌栗，不能自已矣！如此之眞，入之於神，始有韻、有趣，斯亦文之大觀也。故思任於此，又拈出「趣」字，且略分之爲「冷趣」、「天趣」、「野趣」不等。

飲之趣有酒，聲之趣有詩，此二氏者，不同族而同祖。……人不能酒，其詩未必暢。太白酒勝於詩，故詩有酒氣；少陵詩不忘酒，故酒入詩神。吾以此冷趣看世。……弇州論詩，曰才、曰格、曰法、曰品，而吾獨曰：一趣可以盡詩。……遇境據心，感懷發語，往往以激吐真至之情，歸於雅含和厚之旨，不斧鑿而工，不橐籥而化，動以天機，鳴以天籟，此其趣勝也。(註一〇二)

文章家割神取氣，亦何所不至！……其性情玄逸，趣在言外，故能詩也。昔人讀「空翠濕衣，月明生渚」之句，輒云「得天趣」。問何以識其天趣？曰：能知蕭何所以奇韓信，則天趣可解。(註一〇三)

神龍不治處，老鶴不庭居，其心自大，匪身之所能域也。爭十丈之天，不如擴一尺之地；爭萬里之境，不如擴一黍之心。……舒卷天雲，縱橫草木，布置川嶽，呼遣鳥魚，……則野也者，天地間之大史也，此惟大文之人，能領略而噉饗之。……無論野之功用，被廣而收多，即人眼不及郊牧者，能逃其身不處於壙埌乎？一日不得野趣，則人心一日不文。……蓋廊廟必莊嚴，田野多散逸；與廊廟近者，文也；與田野近者，詩也。(註一〇四)

酒趣、詩趣，雖似有異，實則關係深邃，「詩有酒氣」、「酒入詩神」，即詩仙、詩聖最佳寫照也！詩文一有「趣」，則眞至之情必深，言外之意必永，「天趣」乃自此以生。然則「趣」從何來？曰：心也！故思任疾呼：「爭萬里之境，不如擴一黍之心！」心擴一黍，地擴一尺，詩人世界足矣！「舒卷天雲，縱橫草木，布置川嶽，呼遣鳥魚」，「

野趣」盡萃於斯，復何求焉？

然則酒趣、詩趣、天趣、生趣，以至野趣，悉純任諸自然，是以惟至眞、至性之情感表露、無一絲虛僞矯揉者屬之。而「趣」之尤者，則謂之「韻」。思任云：

詩者，韻之道也。兩大之中，韻莫韻於山水；五倫之內，韻莫韻於朋友。……詩有聲口，一開即得；若復蘇援塑捏，如何而詩？則詩之韻已去久矣。（註一〇五）

雪湖嘗告人曰：「畫梅以韻格勝。」夫韻在聲後，格在局先。善歌、善弈者，可知而不可解，即可解而又不可知。雪湖直以梅知之，而以畫解之，此其心之獨至，千載而下，有必傳者也。……人共謂雪湖得梅之趣，而吾獨謂雪湖得梅之苦。人徒欲傳雪湖之畫，而吾獨欲傳雪湖之心。（註一〇六）

思任以爲：詩有聲口，而韻又在聲後。意謂詩之佳妙者，始有韻味可言，惟心之獨至者，開口即得；否則將如常人，僅囿於可知而不可解、及可解而又不可知之處，難於突破其藩籬也。

至於神韻之自然流轉，變化無跡者，莫善於天上之「雲」。善觀「雲」心者，斯得神韻之妙矣！

文莫妙於天。天之文何在？……而其變幻詭戾、惚恍合離、不可想測處，則在雲。是故諸象形聲俱有定軌，而惟雲流今古，曾無同局。兵家言：韓雲如布、宋雲如車、秦雲如行人、蜀雲倉囷、齊雲乃絳衣。此神其變之說，而以常惑之者也。乃所以幻之也。但雲有真體，觀雲有術，必觀其心。……惟是白雲之興，春容澹漠，其行浩浩，其留圍圍，膚寸而合，不崇朝而遍天下。（註一〇七）

「變幻詭戾、惚恍合離、不可想測」，即上節所論之詩胎天成，解不解之間，盡得天賦神韻之妙。是以「觀雲有術，必觀其心」，知雲心之神變，則握筆爲文無往而不利矣！思任又以爲：欲得神韻，實非易事。須獨具慧心，先人出口，始能拔魁。此即依賴天賦與苦學，雙管齊下，始能得之也。爲此，思任特標一「先」字爲說。

時文稍進，則無所用學；時文大進，則無所用才。惟是透靈一識，要為洙泗傳神：或冒其氣，或析其毛，或從綰結中取其髓，或從冷餘內咀其雋。有千百人言之不是，而經我隻字挑撥點染，題遂躍躍起立。則識之奏膚（敷）也多矣。（註一〇八）

有必然之物，一人見，千人亦見。如是，則將妥視之，衡視之，即忤而下之，亦

> 未嘗不可。何者？共此血肉中粟豆之爽，無以別也。……眼之所擒，心之所服，與眾共曉之後，何以別乎？止差一先耳。然一先之頃，蓋劫灰不啻矣！（註一〇九）

> 太清渾含，機靈虛曠，又本於一睫之神；有一睫之神，則可騰翻九州之孔；有九州之孔，則可縮入十丈之壁，借筆墨為方諸氏耳。（註一一〇）

「我言之而不妙，伊衝口而即工」，「有千百人言之不是，而經我隻字挑撥點染，題遂躍躍起立」，人我高下所以異者何故？則「止差一先耳」、「有一睫之神」也！此理甚爲淺明，而晚明本色、性靈諸派，均罕有提及，斯亦思任之文論略勝諸家一籌耳！而「一先之頃，蓋劫灰不啻矣」！識見高下，於此可見。

思任且舉繪工別具巧思，以見「一先」之可貴；

> 有主人好繪事，懸胡錦十襲，酬當意者。輒試之題曰「萬綠叢中紅一點」。一人畫鸜鵒，朱其味；一人畫宮袍圖；一人畫蓮；一人畫木芍藥；一人畫海天旭出。獨一人畫杜詩「天寒翠袖薄，日暮倚脩竹」，遂挾錦而去。蓋叢中兩字不露，而思已過半，故足賞也。（註一一一）

畫杜詩者，翠袖、脩竹，皆綠也；而脩竹尤爲翠綠繁茂。日暮，紅也；翠袖之主人，亦紅顏也。天寒日暮之際，紅顏薄衫倚萬株脩竹之側，遙盼天涯歸人，其景其情殊堪矜憫。幅畫中，綠紅兩字不露，而深意躍然神現，洵眞韻流洩之作也！比之他人，實乃「一先之頃，劫灰不啻」矣！

「得先」「神睫」，與莊子至樂篇所云「萬物皆出於機，皆入於機」之「機」相似。有「機」則生，無「機」則死。思任釋之以爲：

其言曰：「人久於機。萬物皆出於機，入於機。」死活之根，惟機為最肖。……死不至而活不深，文王解之以為貞，周公解之以為律，孔子解之以為正，是又皆決然隤然精於言機者也。顧機之體險，百千萬億兆，皆一人操之，而操之之時，僅一瞬，故又曰：「機在目。」(註一一二)

夫歡喜種子，在文章家為亨機，亨不止於昌後；在養生家為活機，活不止於壽身，詎菴於此中得少領趣。(註一一三)

操機之時，僅一瞬之間，故百千萬億兆，不可有一睫之差，是亦「一睫之神」也。此類言詞，皆謂歷經苦心孤詣之久，始能得機先如常事者也。思任亦以畫友劉雪湖先得契機之例爲證，曰：

山陰劉雪湖……（善）畫梅……曾畫倪中丞之壁，越半載，蜂食其華殆盡。化則還天，誠能動物，一之至也。……予偶還里中，訪雪湖山房，則鶴鬢鮐背，兩瞳子如碧照，而神甚王，方高臥梅軒之下，猶在杜機冥契間也。（註一一四）

雪湖「神甚王」，「在杜機冥契間」而高臥梅軒之下，是形不及梅而神已入梅矣！無乃其畫梅之神肖逼似也！思任以爲佳文妙作，若非天賦而來，則須仰仗後天苦學，方可獲得自然之眞情與神韻。然則修習之術又如何？思任又提出「環境」一說，以爲議論所本。

## 六、王思任論環境與文風

環境影響心性，自古已有明證：孟母三遷、爲橘爲枳，皆證明時代風尚與居里習氣，對心性文章之影響，不可謂不大也。若環境惡劣，不足以養氣，又將何以改善其爲文之道？惟古人多以壯遊天下爲助。西漢司馬遷文有奇氣，論者謂得力於遊覽天下名山大川，乃能成其磅礴浩瀚之不朽鉅著。故思任以爲：壯遊可助開闊眼界、開拓心胸，落筆行文之際，自能如有神助。

## 壹、時代風尚與文風

思任以爲時代風尚足以影響文風者，如：

余譚詩垂四十年，見風氣日殊：在昔操觚著詠，祖初盛而宗嘉隆，如大官牢醴饗者，屬饜不失漢威儀；近則南風不競，家玉川而戶才江，尖纖淺露，鵠形菜色，黃口易以登壇，枵腹倖而藏拙。蓋年來習俗澆薄，菑芬並至，識者有文運之嗟，匪曰無關於小技也。（註一一五）

大凡讀書之人，生於鼎盛則虛，生於困貧則實，不幸少利則淺，幸而晚達則深。酒肉昏神，綺羅軟骨，談奕廢時，佚游短知，故富不如貧。（註一一六）

「生於鼎盛則虛，生於困貧則實」，與孟子所言：「富歲，子弟多賴；凶歲，子弟多暴；非天之降才爾殊也，其所以陷溺其心者然也。」（孟子告子篇上第七章）意義相類，故思任推其言曰：虛則「家玉川而戶才江」，「尖纖淺露」，「黃口易以登壇」。因而「識者有文運之嗟」，此非環境所致而何？

## 貳、地域風土與文風

至於風土民物足以影響文風者，如：

沃土之民謔，瘠土之民忍。謔者不過身體口腹之有餘也，從身體口腹起見，而忍者已在心性之間矣。(註一一七)

山自雪峰奔峨眉，而至太華，高占五岳之霸，故秦之血氣獨強，其心智亦最悍。車鄰、駟鐵以下可詠也。(註一一八)

楚幅員半天下，而其水力雄悍，亦半天下。其時文大要用論策體，橫敫直放，一發而莫可禦。山川之情性，若人肖之而出，不其然耶！(註一一九)

居處沃土與瘠土之地，因有心性謔、忍之不同；嬴秦立國於山脈怒峙之地，故人民血氣心智獨強。荊楚水力雄悍，故人民握筆策論亦一發而莫之可禦。是以地域之影響民風、以至於文風，不可不謂大矣！實則山川大澤，固與人同存於天地之間，而共得不朽之氣者，故人實宜與之相契，始不負天地之心也。思任以爲：

天地定位，山澤通氣，事畢矣。而又必生人，以充塞往來其間，則人也者，大天、

大地、大山、大水之所託，以恆不朽者也。（註一一〇）

人能與山川相契合，山水之氣自能孕育胸中而變化文氣矣。思任並舉李杜詩風之變，與其少年讀書西山之事爲例，以證其說之「持之有故，言之成理」。

> 便以兩人論，李（白）之神，在夜郎而始厚；杜（甫）之法，出夔州而益高。此有目者所共睹也。（註一一一）

> 丁天行與余，先後讀書黑山寺。……寺前有松，余走東西南北，不再見者。獲土拏雲，欠風申月，而或洪濤翻海，大雪彌空，鶴叫猿呼，鐵鳴金動，其情態萬千，頗足以盡文之變。余昔曾夢騎之而天飛。天行讀書其間，必有助於是。（註一一二）

> 昔年十四五，學業棲山寺。此山名赫山，法雲題寶地。古松百餘尺，夭矯如龍戲。我昔常騎之，飛夢入天際。腹中空且懶，不虞竊薦第。（註一一三）

松濤翻湧，萬千幻化之態，對思任啓迪良深，甚且自謂「科場」及第，或亦賴之而獲得。斯乃思任以爲環境足以影響文人文氣文風者也！

## 參、壯遊天下與文風

環境影響文風至爲深邃，如上節所述；惟人生於世，若無「可人」環境用以薰冶，則宜壯游天下，培養胸襟壯闊之氣，他日亦能自得豪爽之佳文也。思任曰：

> 至人之文，以天為師；賢人之文，以地為友。吾聞而怖之。後目道書，以為雲氣胎英，水石嗣秀，始悟其言之不相格也。少游四方，歷吳、楚、燕、趙、秦、晉之郊，長河大岳，洞心駴目者。久之，見奇美不如磅礴，磅礴不如渾侖，渾侖不如清杳。年來以此視文，少有長進。（註一一四）

> 甘大岕（偃蹇科場），乃走名山大川，上羅浮，探禹穴，遨游齊、魯、燕、趙之墟，攬奇弔古，以其一腔坷壈屑騷磊落之氣，發而為聲詩。飛騫絕跡，高視中原吾黨如塵溷然。故其格品孤峻，音節喚清，駿發踔厲，穿天心而出月脅，駸駸乎擽大歷建安之座矣。（註一一五）

聖賢之文，以天地爲師友，山川之胎英靈秀，沁入心脾，始能判別磅礴、渾侖、清杳之微異，終能駿發踔厲，穿天心而出月脅，以突破前人之牢籠也。若乃文氣過盛而入異道，思任以爲亦可用山水之氣以矯之。

> （何元方）所為文，古彝堆繡，長弩訖威，歌以浪淘沙，鈹以大劈斧，吾驚焉。吾欲以南明、台、宕之譎，顛倒其心思，幻化其耳目，而徐以日月出沒，倏忽往來之區，冷其才魄，而束縛之於尋常池瀆。（註一一六）

思任驚異於何元方之疏狂，遂欲以「尋常池瀆」、以「冷其才魄」，使歸於正。由此益可證明：思任亦厭惡「入魔入鬼，惡道岔出」之文風，是以錢謙益之評價，似亦可商榷也。

環境山川助人也深，若有不知山川之助者，實為畫地自限，自作隔閡也。故思任曰：

> 台蕩諸山，乃吾鄉几案間物，今年始得看盡。歸以語人，疑信相半。彼其眼足在胸中，自立一隔扇耳。（註一一七）

畫地自限，或大都來自作者自我設限，惟亦有因外力干預而不得不入其彀中者，其中尤以父師所立下之「規矩」所囿限者為夥。思任倡言自然眞韻，故於此類習尚頗為排斥，言曰：

師者，師也，規矩之謂也，猶俗所謂死規矩云爾。天下有活規矩乎？規矩也，而又有死者乎？（註一二八）

師爲規矩之同義詞，規矩一俗，即成所謂「死規矩」者，故思任於言及父師成法之處，亦多不假顏色而譏刺之：

童子纔行文，而即以小題苦之，以四老先生望之，此語孟讀完，而即責之以韓柳歐蘇也。皆功令之過，父師之不明也。……一秀胎慧兒，入此惡道，永為其所圍，誤不淺也。（註一二九）

甚且衡文品第之際，亦以摒棄父師陳法爲勸。可知其對拘執之法，深惡痛絕。惟其如此，是以反前後七子摹擬之風。

## 七、王思任對當代文論之評議

思任既以清晰鮮明之理念，豐贍深邃之經驗，發爲縝密周延之文論，故於當時結社立說之論文者，亦有明確之評議。其中頗足以道者，則爲其反歷下七子摹擬之陋習、與反公安性靈白描之空疏。

思任反摹擬之主張，固似雷同於性靈一脈，實亦爲晚明之風潮；而其反公安之言語，則爲日後列之入公安一脈諸多學者所失察之處也。

## 壹、反摹擬

思任反摹擬之理論，係以文學進化論爲經，以文情之眞、文心之韻爲緯。申言「精神」者，散入各代即形成各代卓越蹈厲之文體，形式雖異，而其爲「精神」則同，固不必勉強因襲前代也。

一代之言，皆一代之精神所出，其精神不專，則言不傳。漢之策，晉之玄，唐之詩，宋之學，元之曲，明之小題，皆必傳之言也。（註一三〇）

是故精神者，天之有而能自合之，則人之有也。漢重循良，則龔黃生矣。唐登詩賦，則李杜起矣。宋講道學，則程朱見矣。元高樂府，則王實甫等人出矣。精神之所聚，未有不勝者也。（註一三一）

窮則定至於變，通則適反其常，此不易之理也。然而變起於智者，又通於智者。

三百篇，詩之大常也，一變之而騷，再變之而賦，再變之而選，再變之而樂府、而歌行，又變之而律；而其究也，亦不出三百篇之範圍。唐以律取士，猶今日之時文也。（註一三二）

「一代之言，皆一代之精神所出」，「精神之所聚，未有不勝者」，故智者能聚其精神，於窮乏處作適當之通變，故能無往而無不利也。然而形式雖變，其精神則仍不離其根本也。

思任且舉詩、騷、楚聲之遞變，與「窈窕」一詞之演化經過，說明文體形異實同，相互遞演之實情也。

三百篇之什，寄託感歎，非無砰激而确厲焉者，然味之，則鏗然和平不盡也。其心以有之也。繼其統者曰騷。騷，怨乎？然其思獨，其情諄，呼媒饋佩，腸轉而言膠，是和平之善變者也。嗣後有楚聲曲，「梁父吟」其一也，臥龍耕隴畝，嘗樂為之。（註一三三）

國風精於思者也，忽一語焉，創之曰「窈窕」。「窈」何解也？「窕」何解也？聞之乎？見之乎？抑有所本乎？嗣後屈原得之曰「要眇」，宋玉得之曰「嫣然」，武帝得之曰「遺世」，太史公得之曰「放誕」，淵明得之曰「閒情」，太白得之

曰「擲心賣眼」，少陵得之曰「意遠態濃」，而思路如岷觴漸濫矣。（註一三四）

思任又舉己身親歷之事，以證己說之確鑿有據；其言科舉程試之科目遞變爲例：

即予一人舉業之身，戲已數變：初為程朱講學危坐，後為盲腐敘事跳來，後又為莊列神鬼幻出。而予謝戲之後，續場者作申韓刻峭，動以刑傷慘薄為勝。今萱蘇集出，則檀弓、周禮、考工記等伎倆也。易曰：「書不盡言，言不盡意。」此相演之言也。遞演者必遞禪：意皆如此，則另有一言；言皆如此，則另有一書。（註一三五）

科場程試之書，自程朱、而莊列、而申韓、而五經，形雖有遞演之跡，實則全無二致也。是以文章傳至明代，何必再蹈襲前賢？明代自有其一代「精神」也！

思任並以刊刻四書之經驗，說明「精神」於文論之重要：

余嘗刻四書古注，久之，覺宋人高於漢人；又久之，覺明人更在宋人之上。鵠的所在，神往赴之，不可誣也！（註一三六）

思任指名反對歷下摹擬之說，自此而生，因言：

詩以言己者也，而今之詩，則以言人也。自歷下登壇，欲擬議以成其變化，於是開叔敖抵掌之門，莫苦於今之為詩者，曰：如何而漢魏，如何而六朝，如何而唐宋；古也、今也；盛也、晚也，皆擬也。人之詩也，與己何與？李太白一步崔顥語，即不甚為七言；杜子美竟不作四言詩，亦各任其性情之所近，無樂乎為今詩而已。（註一三七）

思任直斥歷下「欲擬議以成其變化」之弊端，且稱如此之詩，乃「人之詩也，與己何與」？其後，又藉文友朱宗遠之口，明言七子模擬之弊，且提出改進之法：

蓋宗遠之言曰：吾於詩，怨明，怨七子，尤怨歷下。其所奉為符璽丹藥者，「擬議以成其變化」一語耳，吾聞之不樂也。造物者既以我為人矣，舌自有聲，手自有筆，心自有想，何以擬之、議之為，而必欲相率相呼以為擬議之人？……覺非我不能想之、聲之、筆之，覺我所想之、聲之、筆之者，皆天地萬物等，自有心、有舌、有手，而適以我出之者也。（註一三八）

造物者予人皆自有舌以出聲，有手以執筆，有心以思索，則應「覺（悟）非我（，則）不能想之、聲之、筆之，覺（悟）我所想之、聲之、筆之者，皆天地萬物等，自有心、有舌、有手，而適以我出之者也」。所言亦即上節反覆申言之眞率、自然之眞意也。如此，尚「何以擬之、議之爲」？而必欲「相率相呼，以（己）爲擬議之人」乎？

且思任年少時，即已了悟資質稟賦，各人不同，勉強湊泊，僅能顯露其虛假丑態而已。其師亦以此深惕之。由此可知思任純任自然、反對摹擬之理念，其攻習舉業時，即已萌生矣！

> 予少為輕薄言：人當自揣其分量，有大誥在，毋作非為。而忌者目攝，然而予言終不薄也。……假玄假泱，以為自然之白描，有心之淺墨乎？此其人，天未與之，而人亦未嘗自與也。（註一三九）

> 人情之所愛者，莫不欲其自己出。即使人有之，而己借之，其心終不愛也。天下可愛之事，豈有尚於文章者？而人反不自愛也。高者不惜以其身為人之臣，卑者不惜以其身為人之奴。人之糟粕化為矢，久矣！而方且吮之毫端，嚼之舌本，饗為上珍。噫！亦大不知自愛也矣！……吾座師南充黃昭素命予之言曰：「勉之！季重！爾能自愛者，幸多讀書。凡一畫亦當欲其出之於己旨哉！」（註一四〇）

「假玄假淡，以爲自然之白描」者，固爲思任所厭，而更甚者，不惜以己身爲人之臣、奴，「人之糟粕化爲矢，久矣！而方且吮之毫端，嚼之舌本，饗爲上珍」，益爲思任鄙視。故一皆矯之以「自己出」，實即上節文義所言之眞率、自然，發抒內心而爲野趣神韻者。故其言曰：

吾子亦既工於揣摩矣，而顏駟如故也。有門戶時，子不知出；有黨時，子不知植；有中立之名時，而子不見收，吾子亦居然一逸少矣，以為工乎否也？……文章節義，皆准山嶽江河之氣，是不大鬱，則不大攄。（註一四一）

董元宰先輩與予論畫：有生動之趣者便好，不必人鳥。一水口山頭，不生不動，便不須著眼。予謂此說可以論詩：蓋生動者，自然之妙也。孩兒出殼，聲笑宛怡；若塑羅漢，窮工極巧，究竟土坯木梗耳。唐人之詩，韻流趣盎，亦只開口自然。莫強於今日之詩，玄深白淺，法度文章，何如捏作，要不過惡墨汁之圖傳也。（註一四二）

專事摩擬者，多乏生趣，「若塑羅漢，窮工極巧，究竟土坯木梗耳」，是以不入會心人耳目。

惟文章既以「精神」爲主，亦即有「相因」之理，若不得已而必爲之摩擬者，當亦不可避免。如文心雕龍序志篇所言：「非雷同也，勢自不可異也。」此時發自內心精誠之摩擬，亦屬自然一類也。思任於此，亦頗表贊同，而稱之曰「相因之理」。其言曰：

> 惟明者信，惟清者貴。此相因之理也。月之易懽也，秋之易感也，皆其心之清明，而無以飾之為也。飾懽者不愉，飾感者不慘。無論疑信，即笑哭之中，貴賤遠矣。……坡老作詩一生，未嘗有所專擬，獨至淵明詩，一字一句，皆可以手捫得而擬之、和之，不啻如雲璈帝鼓然，即卯君亦謂乃兄「詠陶」之後，詩學大進，是不惟好其詩也，洵好其人也哉！信之則貴之矣！(註一四三)

擬模前賢之文風，能以明信、清貴之至情爲之，亦「不啻如雲璈帝鼓然」，是可傳世不朽之作也。是以思任雖反對摹擬，卻於中年作「律陶」三十四首，專擬淵明之詩，蓋以此故也。

由此亦可想見：思任於持論並非一迂執自恃者也。

## 貳、反公安

思任既倡「詩胎」「神睫」之說，又明標反對七子摹擬之意，論者以其文或異公安、竟陵風格，乃有謂其旁入邪道者。如錢謙益列朝詩集小傳即云：

季重為詩，才情爛熳，無復持擇，入鬼入魔，惡道岔出，……自建旗鼓，鍾譚之外，又一旁派也。（註一四四）

思任不喜竟陵孤峭詩風，上文已略作論述，而與公安之觀念，思任非惟標明與三袁「不同衣飯」，甚且譏評公安為「空靈之姦」。其言曰：

不意寅侯未能忘我，且言我與公安、竟陵不同衣飯，而各自飽暖。予何敢當寅侯知己也！……輒謂詩文一竅，決非今生撮辦，有心及之，而舌不能及，有舌及之，而手不能及，有手及之，而學問考訂不能及。大約底滯蹇昧之人，去此道遠，而朗圓英爽之輩，入此道近。（註一四五）

所謂「詩文一竅，決非今生撮辦」，「有手及之，而學問考訂不能及」，殆針對袁二而出者，蓋人謂宏道俚俗，學問根柢不厚也。辨之者雖云：此亦公安性靈所獨鍾者。惟依思任之見，謂其終將衍生弊端。其後性靈末流，果以底滯蹇昧之質，號嘯怪叫，惹人側目。

思任又有非議公安之論，曰：

> （豐文仲之文）搏捥飆衝，吐歆沆氣，盡破年來豪麗之習、空靈之姦，一偕之大道，取妙微最遠而止。要知聖人之理，如無涯世界，其幅員廣狹，聽人力所通。（註一四六）

是篇作於明光宗泰昌六年（西元一六二〇），思任年四十五，是其於文理已臻熟稔之後，而能提出大道妙微最遠之旨，以跋三袁「空靈之姦」，是與公安「不同衣飯」之證也。十年後，當思任五十五歲，爲京師國子教授，亦曾與人論究文義時，提及性靈空虛之弊端。其言曰：

> 假玄假淡，以為自然之白描，有心之淺墨乎？此其人，天未與之，而人亦未嘗自與也！（註一四七）

思任且舉與文友清之論文之事爲證，說明袁宏道嘗誤會於己。言曰：

> 猶憶水樓殘月，清之剝芰呼雉也，其言曰：「詩道裂於袁二，而袁二之瀋光，如

虎睛貝采，自不可遏。」予戲謂之曰：「袁二疑王大中于鱗之毒，今二且將賫毒中子。」（註一四八）

清之以爲晚明詩道自袁二（宏道）始分門立標，氣象一新。言下不勝感佩。思任乃述其往事告之曰：袁二嘗疑思任學於于鱗，專任模擬爲事。

實則于鱗（李攀龍，歷城人）爲後七子之首，嘗放言：文自西京，詩自天寶而下，俱無足觀。結友爲社，以摹擬爲事。思任對「歷下詩人」貶抑數過，實非好之者。由此可知：袁宏道亦不以思任爲同道亦明矣！

由前三節所述之文論以觀，足見思任主眞率、神韻，且有義法可循而不流於俗淺叫嘯，其風格自與公安迥然有別也歟！

## 八、結語

由以上六節所論，可以得知：王思任於文論理念，天賦文才、苦心孤詣二者並重，故倡言自然天成與神韻機先之說。其行事雖或狎謔放浪，惟落筆行文之際，則止於詼諧放曠、筆悍膽怒而已，絕未見其嗟賞空疏、孤峭、戲謔、狂誕之言論。後人謂其「文好諧謔」「入魔入鬼」，殆由其平素行誼而作想當然耳之推論，固非實情也！

思任既以天賦、自然爲說，故於作文之法，亦倡言以「獨至之心」，孕「必得之氣」，以發「天趣」「野趣」之文。由此乃標出其選文四要訣，曰：天賦異稟，獨寫靈心爲一等；自然雄渾，不落俗氣爲二等；苦心孤詣，文采可觀爲三等；而幽光潛藏，耐人尋味者，入四等。至若瑣屑不全或雷同易厭之空靈膚淺、摹擬失眞之文字，則在其摒棄之列矣！

惟其如此，故拈出「詩胎」、「積學」之論。「詩胎」意指「夙世命詞客」，本爲「前胎宿世」之詩才，故「胎夙鍾靈」，「迷則天啓之，而弱則天誘之」，不必力學苦思，即可臻於「三行以下，清光便來」之至境，非常人所能及者。惟「詩胎」難得，故中才之人，仍須致力苦學，始能一發幽潛，上騰九霄，行諸筆端，亦可韻趣橫生矣。其力學之法，如古人學射，目視懸蝨，三年而大如車輪，故每射必中。爲文若能如此，視千題如一題，落筆必深切題旨，文章自有神韻。惟神韻須以怒發之氣憑托，否則易流於空疏。而怒氣則藉山川駭浪之淬煉，積久以得之。是即苦心孤詣、力學致果之意也。

既以天賦之詩胎與力學之神氣爲說，故於文章之內容，思任亦要求自然、眞情。自然則須「生描而活繪之」，於「聲笑宛怡」中，含孕「生動之趣」，始得「韻流趣盎」。至若眞情則以至性發抒本心，入於天趣，自然流轉，如雲心暢行變化，一無滯礙，而以「止差一先」，得「一睫之神」爲善。故曰：「一先之頃，蓋劫灰不啻」也！此非積久力學，精誠所至，曷克臻此！

思任之詩胎說與苦學論，亦輒因作家個人環境有異，形成其不同之文風，其中以「時代風尚」及「地域風土」二端，最爲顯著。前者如：「讀書之人，生於鼎盛則虛，生於困貧則實」，虛則「尖纖淺露」，「黃口易以登壇」，因而謂：「識者有文運之嗟」，非環境而何？後者所言，如「秦」之血氣獨強，其心智亦最悍」；楚之「水力雄悍」，故其策體，「橫敷直放，一發而莫可禦」。地域影響文風，可謂大矣！若人無適當之環境以淬勵其心志，亦可藉壯遊天下之舉，以孕育壯闊之眼界與胸襟，是亦藉環境改善文風之良法也歟！

思任之文論既如上述，因而思任倡言爲文由己，切忌「餖貨雜張」，自當惕勵，以求「凡一畫亦當欲其出之於己旨」而後已！更不欲作者「霸王叱咤，豪叫一番」，「蠻力豪筋，一語即欲人知」，流於空泛膚淺之末途。故其反歷下摹擬，反性靈空疏，實有以致之！

## 附註

註　一：以下文字，請詳見拙著王思任年譜。

註　二：王季重游喚敘，見偉文圖書出版社有限公司影印國立中央圖書館所藏明刊本王季重雜著（以下簡稱偉文版王季重雜著）頁六三七——六四三。

註　三：王季重小題文字序，見洪氏出版社印行湯顯祖集卷三十二、玉茗堂文之五——序，頁一〇七四。此篇文字提及王思任任青浦知縣。按思任於三十五、六歲時為青浦縣令，因以推知湯氏此文當作於此時。

註　四：清暉閣讀書佳山水詠，見國立中央研究院史語所複製美國國會圖書館所藏明刊王季重集微卷，頁一三。

註　五：王季重先生小品敘，見國立中央圖書館所藏明刊陸雲龍翠娛閣評選十六名家小品之一「王季重先生小品」，頁一。

註　六：見歷游記——游五台山記，王季重十種頁一六二，偉文版王季重雜著頁六二七。

註　七：王謔菴先生傳，見張岱瑯嬛文集卷四，頁一三二——一三五。

註　八：王僉書思任，見錢謙益列朝詩集小傳丁集中，頁五七四——五七五。

註　九：明侍郎遂東王公傳，見邵廷采思復堂文集卷二，頁二七五——二七六。

註一〇：無聲詩史，引自清陳田明詩紀事，庚籤，卷七，頁二三五〇——二三五一。

註一一：明詩紀事，清陳田撰輯，按語引自庚籤，卷七，頁二三五一。

註一二：文飯小品，見人間世小品文半月刊第九期，頁一三——一四；周作人先生文集——夜讀抄，頁一九九——二〇二。

註一三：關於王謔菴，見周作人先生文集——風雨談，頁一〇四——一〇六。

註一四：關於謔菴悔謔，見周作人先生文集——瓜豆集，頁二八五——二八九。
註一五：晚明人小品觀念論析，見曹淑娟晚明性靈小品研究一書第二章，頁六五——六六。
註一六：詳見王思任年譜「十三歲」，頁九九。
註一七：詳見王思任年譜「十四——二十歲」，頁一〇〇——一〇四。
註一八：見甬東越社敘，偉文版王季重雜著——時文敘，頁四四七——四四八。
註一九：見姚心甫「試劍艸」序，偉文版王季重雜著——時文敘，頁五〇〇——五〇二。
註二〇：見徐君上「制秇」序，偉文版王季重雜著——時文敘，頁四七五——四七七。
註二一：見王棋元「芸敷館藝」敘，偉文版王季重雜著——時文敘，頁三七八——三八〇。
註二二：見著壇搜逸敘，偉文版王季重雜著——時文敘，頁四六三——四六四。
註二三：見詩三四房選敘，偉文版王季重雜著——時文敘，頁四三〇——四三一。
註二四：見青谿儒童小試敘，偉文版王季重雜著——時文敘，頁四一四。
註二五：見青谿錄雋敘，偉文版王季重雜著——時文敘，頁四一五及四一七。
註二六：見吳觀察「宦稿小題」敘，偉文版王季重雜著——時文敘，頁三八一。
註二七：同註三。
註二八：見青蓮小品敘，偉文版王季重雜著——時文敘，頁四〇四——四〇五。
註二九：見天台，偉文版王季重雜著——游喚，頁七〇四——七〇八；浙江古籍出版社排印本王季重十種（以下簡稱「王季重十種」）——游喚，頁一一九——一二〇。

註三十：見廛談敘，偉文版王季重雜著——時文敘，頁四二三。

註三一：見觀泰山記，偉文版王季重雜著——王季重歷游紀，頁六〇二；王季重十種——歷游記，頁一五六。

註三二：見徐伯鷹「天目游詩紀」序，王季重十種——雜序，頁四九；乾坤正氣集卷五〇四——王季重先生文集卷一，頁一九三二五。

註三三：見盛靈飛「源往集」序，王季重十種——雜序，頁四八；乾坤正氣集卷五〇四——王季重先生文集卷一，頁一九三二三。

註三四：見方澹齋詩序，王季重十種——雜序，頁五八；乾坤正氣集卷五〇五——王季重先生文集卷二，頁一九三四一。

註三五：見李大生詩集序，王季重十種——雜序，頁五三；乾坤正氣集卷五〇五——王季重先生文集卷二，頁一九三三二。

註三六：見劉雪湖「梅譜」序，王季重十種——雜序，頁九九；乾坤正氣集卷五〇五——王季重先生文集卷二，頁一九四一一。

註三七：同註三五。

註三八：見醉中啖鮒魚歌，王季重十種——爾爾集，頁二二五。

註三九：見游五臺山記，偉文版王季重雜著——王季重歷游紀，頁六一九——六二〇；王季重十種——歷游記，頁一六〇。

註四〇：見小題銳敘，偉文版王季重雜著——時文敘，頁四三六——四三七。

註四一：見觀泰山記，偉文版王季重雜著——王季重歷游紀，頁六〇二；王季重十種——歷游記，頁一五六。

註四二：見淇園序，偉文版王季重雜著——雜序，頁二四二；王季重十種——雜序，頁八——九；乾坤正氣集卷五〇四——王季重先生文集卷一，頁一九二四二。

註四三：見葸雲小集序，王季重十種——雜序，頁五〇；乾坤正氣集卷五〇四——王季重先生文集卷一，頁一九三二七。

註四四：見方澹齋詩序，王季重十種——雜序，頁五八；乾坤正氣集卷五〇五——王季重先生文集卷二，頁一九三四二。

註四五：見李大生詩集序，王季重十種——雜序，頁五三；乾坤正氣集卷五〇五——王季重先生文集卷二，頁一九三三三。

註四六：見顏茂齊集序，王季重十種——雜序，頁四九；乾坤正氣集卷五〇四——王季重先生文集卷一，頁一九三二五——一九三二六。

註四七：見宋爾郊「山陰道上草」敘，偉文版王季重雜著——時文敘，頁四三四。

註四八：見徐文長逸稿敘，偉文版王季重雜著——雜文敘，頁三三一；王季重十種——雜序，頁三四；乾坤正氣集卷五〇四——王季重先生文集卷一，頁一九三〇〇。

註四九：見朱文懿公文集序，偉文版王季重雜著——雜文序，頁三〇四——三〇五；王季重十種——雜序，頁二六；乾坤正氣集卷五〇四——王季重先生文集卷一，頁一九二八四。

註五〇：見蒨園近草序，偉文版王季重雜著——雜文序，頁三六六——三六七；王季重十種——雜序，頁四四；乾坤正氣集卷五〇四——王季重先生文集卷一，頁一九三一六。

註五一：見三春九夏社詠序，王季重十種——雜序，頁五六；乾坤正氣集卷五〇五——王季重先生文集卷二，頁一九三三八。

註五二：見董蘇白「蕉園詩集」序，王季重十種——雜序，頁八七；乾坤正氣集卷五〇五——王季重先生文集卷二，頁一九三九〇——一九三九一。

註五三：同註三四。

註五四：同註二九。

註五五：見呂恆吉詩序，偉文版王季重雜著——雜文序，頁二九一——二九二；王季重十種——雜序，頁二二；乾坤正氣集卷五〇四——王季重先生文集卷一，頁一九二七九。

註五六：見心月軒稿序，王季重十種——雜序，頁五九；乾坤正氣集卷五〇五——王季重先生文集卷二，頁一九三四三。

註五七：見理寧錄序，乾坤正氣集卷五〇五——王季重先生文集卷二，頁一九四一五。

註五八：見季叔房詩序，王季重十種——雜序，頁八二；乾坤正氣集卷五〇五——王季重先生文集卷二，頁一九三八二。

註五九：見應宋符制義敘，偉文版王季重雜著——時文敘，頁四三二。

註六〇：見吳誠先「句香齋詩」序，王季重十種——雜序，頁八四；乾坤正氣集卷五〇五——王季重先生文集卷二，頁一九三八五。

註六一：同註四七。

註六二：同註二五。

註六三：見孫念𡙇吏部文集序，王季重十種——雜序，頁六一；乾坤正氣集卷五〇五——王季重先生文集卷二，頁一九三四六。

註六四：見水啓明「茘齋近藝」敘，偉文版王季重雜著——時文敘，頁三八六——三八七。

註六五：見來香社草敘，偉文版王季重雜著——時文敘，頁四四三——四四四。

註六六：見青蓮小品敘，偉文版王季重雜著——時文敘，頁四〇四。

註六七：見小題砥柱敘，偉文版王季重雜著——時文敘，頁四一一。

註六八：見雪炤堂四子𣡸序，偉文版王季重雜著——雜文序，頁三四七——三四八；王季重十種——雜序，頁三八；乾坤正氣集卷五〇四——王季重先生文集卷一，頁一九三〇七。

註六九：見張郡公「滅齋近稿」敘，偉文版王季重雜著——時文敘，頁三九八——三九九。

註七〇：見劉雪湖「梅譜」序，王季重十種——雜序，頁九九；乾坤正氣集卷五〇五——王季重先生文集卷二，頁一九四一一。

註七一：同註四一。

註七二：見包稚脩制義序，偉文版王季重雜著——時文敘，頁三八八——三八九。

註七三：見尺木堂稿序，偉文版王季重雜著——時文敘，頁四七一——四七二。

註七四：見世忠堂記，王季重十種——雜記，頁二〇二；乾坤正氣集卷五〇七——王季重先生文集卷四，頁一九五三九——一九五四〇。

註七五：同註四七。

註七六：見陳萬兩生「白湖草」敘，偉文版王季重雜著——時文敘，頁四二四——四二五。

註七七：見贅北草敘，偉文版王季重雜著——時文敘，頁四五七。

註七八：同註二〇。

註七九：見偶居集序，王季重十種——雜序，頁六六；乾坤正氣集卷五〇五——王季重先生文集卷二，頁一九三五五。

註八〇：見倪玉汝制藝序，偉文版王季重雜著——時文敘，頁四七七——四七八。

註八一：同註六四。

註八二：同註二〇。

註八三：見鄒五從「聽石草」序，偉文版王季重雜著——時文敘，頁四九八。

註八四：見在輿草序，偉文版王季重雜著——時文敘，頁四八七。

註八五：見袁臨侯先生詩序，王季重雜著——雜序，頁六九——七〇；乾坤正氣集卷五〇五——王季重先生文集卷二，頁一九三六一。

註八六：見蔡漢逸「梅花詩」序，王季重十種——雜序，頁六七；乾坤正氣集卷五〇五——王季重先生文集卷二，頁一九三五六——一九三五七。

註八七：見倪翼元「宦游詩」序，偉文版王季重雜著——雜文序，頁二九三——二九四；王季重十種——雜序，頁二三；乾坤正氣集卷五〇四——王季重先生文集卷一，頁一九二八一。

註八八：見朱宗遠「定尋堂稿」序，偉文版王季重雜著——雜文序，頁三四四——三四五；王季重十種——雜序，頁三七；乾坤正氣集卷五〇四——王季重先生文集卷一，頁一九三〇五。

註八九：見吳隱君「藥園圖」序，偉文版王季重雜著——雜序，頁二六五；王季重十種——雜序，頁一五；乾坤正氣集卷五〇四——王季重先生文集卷一，頁一九二六七。

註九〇：見紀脩蒼浦園序，偉文版王季重雜著——雜序，頁二五三——二五四；王季重十種——雜序，頁一二；乾坤正氣集卷五〇四——王季重先生文集卷一，頁一九二六一。

註九一：見茵花館詩序，偉文版王季重雜著——雜序，頁二四八；王季重十種——雜序，頁一〇；乾坤正氣集卷五〇四——王季重先生文集卷一，頁一九二五九。

註九二：見鄭逸少詩文序，王季重十種——雜序，頁五七；乾坤正氣集卷五〇五——王季重先生文集卷二，頁一九三三九。

註九三：見南明紀遊序，偉文版王季重雜著——雜文序，頁三五三；王季重十種——雜序，頁四〇；乾坤正氣集卷五〇四——王季重先生文集卷一，頁一九三〇九。

註九四：見王大蘇先生詩草序，王季重十種——雜序，頁八二——八三；乾坤正氣集卷五〇五——王季重先生文集卷二，頁一九三八三。

註九五：見落花詩序，偉文版王季重雜著—雜序，頁二五八——二六〇；王季重十種——雜序，頁一三；乾坤正氣集卷五〇四——王季重先生文集卷一，頁一九二六四。

註九六：見鍾山獻序，王季重十種——雜序，頁七九，乾坤正氣集卷五〇五——王季重先生文集卷二，頁一九三七七。

註九七：見山陰念生王侯去思碑記，王季重十種——雜記，頁一九五；乾坤正氣集卷五〇七——王季重先生文集卷四，頁一九五二八。

註九八：見豐文仲澹園藝敘，偉文版王季重雜著——時文敘，頁四五二—四五三。

註九九：見秦靖侯「一鶴樓制義」敘，偉文版王季重雜著——時文敘，頁四〇六—四〇七。

註一〇〇：見丁天行存百草敘，偉文版王季重雜著——時文敘，頁四一八。

註一〇一：見批點玉茗堂「牡丹亭詞」敘，偉文版王季重雜著——雜文敘，頁三二三—三二四；王季重十種——雜序，頁三一；乾坤正氣集卷五〇四——王季重先生文集卷一，頁一九二九四。

註一〇二：同註八五。

註一〇三：見雪香庵詩集序，王季重十種——雜序，頁四五；乾坤正氣集卷五〇四——王季重先生文集卷一，頁一九三一八——一九三一九。

註一〇四：見楊冷然「秀野堂集」序，偉文版王季重雜著——雜文序，頁二九六—三〇〇；王季重十種——雜序，頁二四——二五；乾坤正氣集卷五〇四——王季重先生文集卷一，頁一九二八二

——一九二八四。

註一〇五：見高故下詩集序，王季重十種——雜序，見九八；乾坤正氣集卷五〇五——王季重先生文集卷二，頁一九四〇九——一九四一〇。

註一〇六：同註七十。

註一〇七：見自怡篇敘，偉文版王季重雜著——時文敘，頁四四五——四四六。

註一〇八：見王念生使君制藝敘，偉文版王季重雜著——時文敘，頁四五三——四五四。

註一〇九：見小題別眼敘，偉文版王季重雜著——時文敘，頁四二六——四二八。

註一一〇：見張郡公「減齋近稿」敘，偉文版王季重雜著——時文敘，頁三九九——四〇〇。

註一一一：同註一〇八。

註一一二：見何韋長「讀史機略」序，偉文版王季重雜著——雜文序，頁三〇九——三一一；王季重十種——雜序，頁二七——二八；乾坤正氣集卷五〇四——王季重先生文集卷一，頁一九二八八。

註一一三：見夏叔夏先生文集序，王季重十種——雜序，頁九一；乾坤正氣集卷五〇五——王季重先生文集卷二，頁一九三九八。

註一一四：同註七〇。

註一一五：見賀仲來詩集序，王季重十種——雜序，頁七六；乾坤正氣集卷五〇五——王季重先生文集卷二，頁一九三七一——一九三七二。

註一一六：見偶居集序，王季重十種——雜序，頁六六；乾坤正氣集卷五〇五——王季重先生文集卷二，頁一九三五五。

註一一七：見醉吟近草序，王季重十種——雜序，頁四七；乾坤正氣集卷五〇四——王季重先生文集卷一，頁一九三三二。

註一一八：見潛園小草序，王季重十種——雜序，頁八四—八五；乾坤正氣集卷五〇五——王季重先生文集卷二，頁一九三八六。

註一一九：見香醉居制藝序，偉文版王季重雜著——時文敘，頁四八二—四八三。

註一二〇：見游喚序，偉文版王季重雜著——雜序，頁二七六、游喚「有序」，頁六三二；王季重十種——雜序，頁一八；乾坤正氣集卷五〇四——王季重先生文集卷一，頁一九二七二。

註一二一：見萍吟草序，偉文版王季重雜著——雜序，頁二七〇；王季重十種——雜序，頁一六；乾坤正氣集卷五〇四——王季重先生文集卷一，頁一九二六八。

註一二二：同註一〇〇。

註一二三：見感述，王季重十種——爾爾集，頁二五二。

註一二四：見靈圖新藝敘，偉文版王季重雜著—時文敘，頁三三四。

註一二五：見雲霞館游草序，王季重十種——雜序，頁六〇；乾坤正氣集卷五〇五——王季重先生文集卷二，頁一九三四四。

註一二六：同註一一九。

註一二七：同註一二〇。

註一二八：同註一一二。

註一二九：同註二六。

註一三〇：見唐詩紀事序，王季重十種—雜序，頁七五；乾坤正氣集卷五〇五—王季重先生文集卷二，頁一九三七〇。

註一三一：見萃社草序，偉文版王季重雜著—時文敘，頁五〇三—五〇四。

註一三二：見李賀詩解序，偉文版王季重雜著—雜序，頁二三七；王季重十種—雜序，頁七；乾坤正氣集卷五〇四—王季重先生文集卷一，頁一九二五三。

註一三三：見澹寧齋詩序，偉文版王季重雜著—雜文序，頁二八五—二八六；王季重十種—雜序，頁二一；乾坤正氣集卷五〇四—王季重先生文集卷一，頁一九二七七。

註一三四：見王實甫西廂序，王季重十種—雜序，頁六二；乾坤正氣集卷五〇五—王季重先生文集卷二，頁一九三四八。

註一三五：見萱蘇集序，偉文版王季重雜著—時文敘，頁五一三—五一四。

註一三六：同註六八。

註一三七：見倪翼元宦游詩序，偉文版王季重雜著—雜文序，頁二九三—二九四；王季重十種—雜序，頁二三，乾坤正氣集卷五〇四—王季重先生文集卷一，頁一九二八一。

註一三八：同註八八。

註一三九：同註六三。

註一四〇：同註二五。

註一四一：同註九二。

註一四二：同註九四。

註一四三：同註九一。

註一四四：同註八。

註一四五：同註五六。

註一四六：同註九八。

註一四七：同註六三。

註一四八：見磚園詩稿序，偉文版王季重雜著——雜文序，頁三四九——三五〇；王季重十種——雜序，頁三九；乾坤正氣集卷五〇四——王季重先生文集卷一，頁一九三〇八。

# Ⅱ、王思任年譜

（此文原載國立政治大學學報第四十六期）

## 摘　要

王思任，字季重，號遂東，明末浙江山陰人。少年狂放，以謔浪忤人，仕宦不顯，為令尹，三仕三黜。逮魯王監國，上書太后請斬馬士英，並為檄討之。中有「吾越乃報仇雪恥之國，非藏垢納污之區也」之語，傳誦一時。南明紹興失守之後，自構草亭，顏曰「孤竹菴」，絕粒十日殉國。其一腔忠義之氣，不在文貞之下，後世僅以能文目之，失之遠矣！孟子嘗言「誦其詩，讀其書，不知其人，可乎」？吾人欲知人論世，必先知其人生平行事。今特詳述王氏一生事蹟，作成年譜，以就正於先進。

王思任，字季重，號遂東，又號謔菴，生於明神宗萬曆四年（西元一五七六年），卒於清世祖順治三年（西元一六四六年），享年七十一。

季重遠祖王倫，南宋名臣，佐帝業有功，諡愍節公，三傳至王中，入越而居，衍爲越枝，季重其苗裔也（註二）。家七世爲醫，乃祖愧不能盡活病人，誡子孫日：「寧市腐酒，莫再習方技。」至季重，竟不能識黃蘗矣（註二）。其高祖王母孫氏與媳薛氏，皆早寡，二人矢志守節，撫孤以長，三傳至季重父某，官任比部，始興家業（註三）。

季重父諱無考，仕宦燕京，爲比部（註四），故季重生於斯，長於斯，問學亦於斯。自云：「家貫本越人，降乃燕都市。昔年十四五，學業棲山寺。」（註五）蓋季重得嚴父教誨，五歲已受經書，十歲恣爲文章，年十三受業於父執黃洪憲，雖年少，已有文聲，輒爲前輩所稱賞。果於弱冠之際，舉進士第，初仕興平知縣。尋丁母憂，返山陰故里守廬，三年服除，詔補當塗縣令，時有內監邢隆，監稅江南，意欲採礦橫山，擾及當塗生民，季重乃以謔語諷之，並曉以利害，邢隆果疑懼而止。

季重性耽山水，輒以吏事之餘，走眺幽景，怡養心目，故所作小品文字，多靈心洞脫、湔滌塵秕。又工於繪事，仿米家數點，雲林一抹，饒有雅致。此蓋季重知當塗，深得民意，故能事簡化行，悠游卒歲，當其六載任滿，調陞南刑部主事而進駐白門，季重初不喜，忽忽若有所亡，以不得有往日之悠游故也。

季重既駐白門，非心所願，又以吏事繁瑣，未能一一述職，故四載浮宦終至聽謫入京，時年三十五。季重既待詔京師，遂以春日暢遊燕京及晉北高山名勝，一抒數年鬱結之氣。未幾，除青浦縣令，乃南下江蘇就任。

初，季重修業西山，早聞浙中天台、雁宕諸山勝景，恨不得一遊。今既知青浦，地近台宕，乃於視事之餘，費時兩月，步履遊盡，一償二十年未了心願；作游喚一卷，詳記遊歷行程。知青浦二年，曾以言語諧謔，受創於李三才，以此見黜，遂去官閒遊。季重乃於山陰故里，選勝蠡濱，構水閣數楹，中有清流翔注其下，顏之曰「讀書佳山水樓」，日以詩酒陶然其中。有客前來，則請賦詩，積久成帙，題曰「讀書佳山水樓集」，日後且攜集宦遊，闇名因之遠揚。

神宗萬曆四十四年（西元一六一六年）冬，季重應舊友之請，赴歷下書院為教授。蓋季重在魯，不改山水之癖，遍遊濟南、魯中名勝。不意又以彭瑞吾牽累，見黜歸鄉。蓋季重性諧謔，調笑狎侮，未嘗稍改，故得罪樹敵既夥，輒受無端之攻訐。雖季重亦頗知之，故自號「謔菴」，蓋率性而行，終不似官場中人也。

季重夙喜淵明，既罷官賦閒，乃檢童子時所讀陶詩，重閱溫故，不覺感觸萬千，乃戲以陶詩為律，作「律陶」三十四首，蓋欲效淵明之閒致也。此時，季重同年友蔡敬夫，任川黔總督，欲召為幕府，季重應邀而至，又以狎謔忤及蔡某，此議遂絕。數年之後，家計日困，及於五十一歲時入京冀補一官，得袁州推官以返。時魏閹忠賢擅政，聞季重名，欲招為己用，季重不允。明年，魏閹果敗亡，人咸服其先知。思宗崇禎三年（西元一六三〇年），奉詔入京，任國子助教。未幾，遷蕪湖關吏，補南工部主事，晉屯田郎中，復領江州節鎮，治兵九江。

季重幼嘗學射，操之過急，以致拇痕血勒，臂腕失力，以此萌習武練兵之志。及至九江，見地方盜賊橫行，乃募驍勇五百，教以擊射、没水之術，奸盜望風屏跡。時鄰邑黃梅，流賊逼擾，請救於江州，巡撫解學龍猶豫未決，諸幕僚亦多言「越界勦寇，非便」。季重慨然率萬人往救，竟以解危。黃梅人感念其恩，建生祠以報賽之。

思宗崇禎九年（西元一六三六年），季重以年逾知命，辭官歸里，不問政事，以詩文自娛。此時國事日危，終至李闖陷燕京，思宗自縊煤山！明之正統以絕。鳳陽總督馬士英乃擁立福王於南京，明年改元弘光，而國事益不可爲。先是清兵陷揚州，史可法殉國，南京大震；而福王西奔蕪湖，又爲清兵所執。馬士英遂挾福王母、妃南下越中。既至，越人洶洶，怒責士英誤國。季重亦上疏太后，數士英之罪，請斬之以謝國人；又致函士英，暴白其咎，更拒其入越，曰「吾越乃報仇雪恥之國，非藏垢納汙之區也」，書傳，人心大快。

福王蒙塵，魯王監國於紹興，季重晉升禮部右侍郎。上疏極言治要，而事終不可爲。未幾，清兵陷紹興，魯王南走，季重遂屏家依祖墓於鳳林，構草亭，名之曰「孤竹菴」，以示不忘先朝；清廷雖數請其出，親黨亦多以利害相勸，終不爲所動。逮魯王敗亡海上，季重知國事絕望，遂作致命篇云：「再嫁無此臉，山呼無此嘴；急則三寸刀，緩則一泓水。」於是垂革拖紳、朝服，日「以上見先皇帝」，即日絕食，十日乃卒。

季重好諧謔，狎侮諸人，以此數遭挫折。中年，自號謔菴，強爲箴砭，旋復肆謔如常，蓋以生性倜儻滑稽而又思路敏銳，雖強其嚴謹，亦末如之何也已矣。

方其顯達，宗族、姻婭待以舉炊者數十家，耗費甚巨，故需錢孔亟。人遂有以貪婪目之者。實誣季重之甚，季重喜作墓誌，諛墓取金，乃「以文爲飯」也（註六）。張岱越人三不朽圖贊曰：「拾芥功名，生花綵筆；以文爲飯，以奕爲律；謔不避虐，錢不諱癖；傳世小題，功不可及；宦槖游囊，分之弟姪；孝友文章，當今第一。」是爲的評！

季重早育二子一女（註七）。其二子幼年好學，屢得父執嘉許，惜長而無聞焉（註八）。其女端淑，頗具文華，嘗評點史記，多有卓見。（註九）案之史籍，端淑，字玉瑛，號映然子，適丁兆聖，博學工詩文，善書畫，曾撰映然子集。順治中，援曹大家例，命入禁中教讀妃主，力辭弗往。其高行當無媿於先德矣！又，季重有兄思信，年屆花甲，猶無子息，請嗣於季重，季重乃禱於關聖帝君，逾年，果生一子，過繼其兄，命名鼎起。

季重卒後，鼎起嘗選錄其文爲「文飯小品」五卷，計收季重所作之尺牘、啓、表、判、募疏、贊、銘、引、題詞、跋、紀事、說、騷、賦、詩、詩餘、歌、記、傳、序、行狀、墓誌銘、祭文、奕律等二十餘類。今季重傳世之作，約有：避園擬存詩集、雜文敘、王季重時文敘、王季重歷游紀、游喚、律陶、游廬山記、奕律（註一〇）、墓誌銘、傳、雜記、廬山詠、爾爾集、讀書佳山水樓集（註一一）等。中以遊記文章最佳，蓋季重喜以詼諧飄逸之稟，輒出絕妙新奇之思，故爲小品文章之佳構也。民國廿二、三年，林語堂諸人倡爲小品文，即以「文飯小品」爲幟志。其足爲小品文之典範，洵不誣也。

王思任之事跡，爲便省覽，謹按時間先後，逐年述次如后：

明神宗萬曆四年丙子（西元一五七六年）　一歲

王思任，浙江紹興府山陰縣人，生於燕京。

△思復堂文集卷二、明侍郎遂東王公傳：「公諱思任，字季重，號遂東，紹興山陰人。宋愍節公倫之裔孫。……萬曆乙未成進士，時年二十。」

△避園擬存詩集、感述：「家貫本越人，降乃燕都市。」

按：明神宗萬曆二十三年乙未（西元一五九五年），季重舉進士，時年二十；以此推算，王氏當生於萬曆四年。今人傳抱石明末民族藝人傳（註一二）、郭味蕖宋元明清書畫家年表（註一三）、姜亮夫歷代人物年里碑傳綜表（註一四），均定季重生於斯年。

明神宗萬曆五年丁丑（西元一五七七年）　二歲

明神宗萬曆六年戊寅（西元一五七八年）　三歲

明神宗萬曆七年己卯（西元一五七九年）　四歲

春，正月二十二日戊辰，詔毀天下書院（註一五）。

明神宗萬曆八年庚辰（西元一五八〇年）　五歲

季重始受五經。雖年少，讀書每求深解。一日，讀論語，至「泰山不如林放」（註一六）句，疑而問惑於師，因終不得解，遂鬱結一「碧痞」（註一七）於腹中。

△湯顯祖集、詩文集卷三十二、玉茗堂文之五、王季重小題文字序：「若季重者，五歲遍受五經。」

△乾坤正氣集卷五百五、王季重先生文集卷二、栢州遺烈冊子序：「予少讀易。」

△王季重歷游紀、觀泰山記：「曾謂『泰山不如林放乎？』兒時問先生，遂結一碧痞。十二歲，從盱江還，驢上見嶧山，是矣？非是？而痞乃痛。」

明神宗萬曆九年辛巳（西元一五八一年）　六歲

有言季重二十必貴，貴則當棄其母。季重啼曰：天若祚母，幸無使貴。

△思復堂文集卷二、明侍郎遂東王公傳：「（季重）五、六歲時，有言其二十必貴，貴當棄母。啼曰：『天若祚母者，幸無使兒貴也。』」

明神宗萬曆十年壬午（西元一五八二年）　七歲

季重隨家人之睦州（今浙江建德縣），途經嚴子陵釣臺，以年幼，不能歷險，未得一遊。長者說子陵故事，私心慕之。

△遊喚、釣臺：「七、八歲時，過釣臺，聽大人言子陵事，心私儀之。以幼，不許習險。」

明神宗萬曆十一年癸未（西元一五八三年）　八歲

明神宗萬曆十二年甲申（西元一五八四年）　九歲

明神宗萬曆十三年乙酉（西元一五八五年）　十歲

季重為文章，已能隨心所欲，恣情表達。

△湯顯祖集、詩文集卷三十二、玉茗堂文之五、王季重小題文字序：「若季重者，……十歲恣為文章。」

明神宗萬曆十四年丙戌（西元一五八六年）十一歲

明神宗萬曆十五年丁亥（西元一五八七年）十二歲

父宦遊盱江（註一八），季重隨行，見從姑（註一九）有米、脂二穴，香氣臭人，傳云仙佛作戲其間。既歸，驢上見嶧山，因憶幼時讀論語，不解「泰山、林放」之舊事，而痞又作痛。

△王季重歷游紀、游九華山記：「予幼游盱江，從姑有米、脂二穴，氣每臭人，仙佛作戲，不可以腐斷也。」

△避園擬存詩集、復游盱江：「先嚴曳裾時，提囊宦云薄。伊余髮始茁，回景恍如昨。今來五十餘，訪舊盡殂落。」

△王季重歷游紀、觀泰山記：「曾謂『泰山不如林放乎？』兒時問先生，遂結一碧痞。十二歲，從盱江還，驢上見嶧山，是矣？非是？而痞乃痛。」

季重學射，好之，遂廢書、食。未幾，拇痕血勒，發矢躍數尺，乃握矢為笑而止。

△時文敘、水啟明葯齋近藝敘：「幼嘗學射，五日中一矢，遂廢書、食，貪之。未幾，拇痕血勒，發矢躍數尺，一握為笑而止。」

按：季重學射，不知在何年。據推斷，或在十二歲遊盱江之後。蓋王氏爲南人，遊盱江時，北地民風多諳騎射之事；歸途過嶧山，腹痞作痛；因生習武之念焉。

**明神宗萬曆十六年戊子（西元一五八八年）　十三歲**

季重從岳漏衡先生館於嘉興黃洪憲家，得盡視先輩小題文。季重落筆靈異，洪憲先生喜而斧藻之，學業因之日進。

黃公喜拈作，和者如湯顯祖（若士）、趙南星（儕鶴）、郝敬（楚望）輩，多爲一時名士。其門生十九，季重年最少，因獷猂摠角、鹵莽生決，甚爲諸輩所歎賞。

△瑯嬛文集卷四、王謔菴先生傳：「季重年十三，即從漏衡岳先生館於檇李黃葵陽宮詹家。先生落筆靈異，葵陽公喜而斧藻之，學業日進。」

△時文敘、小題砥柱敘：「予昔讀書葵陽先生家，得盡觀先輩小題文。先生酷喜拈作，一時和者，趙儕鶴之閎真，錢仲美之宛透，湯若士之高玄，張魯叟之悍銳，李贊宇之孤清，李衷一之靈巧，郝楚望之雄別；而予亦以獷猂摠角、鹵莽生決，竊賞其間。」

△徐時進避園擬存序：「始余與季重共師門，通十九人，季重年最少。」

△乾坤正氣集卷五百六、王季重先生文集卷三、米太僕家傳：「太僕與予……同出黃鐵庵先生門下。」

按：黃洪憲，字懋中，號葵陽，又號鐵庵，浙江嘉興（檇李）人。明世宗嘉靖二十年生，神宗萬曆二十八年卒（西元一五四一至一六〇〇年），年六十。穆宗隆慶五年（西元一五七一年）舉進士，官至少詹事，兼侍讀學士，嘗奉使朝鮮。以文章受知張居正。居正敗，公亦辭官歸鄉。著有朝鮮國紀、玉堂日鈔、碧山學士集等。

明神宗萬曆十七年己丑（西元一五八九年）十四歲

季重爲攻舉業，棲居晉北罕山之寺中。

△爾爾集、留別山僧詩自注：「予以己丑讀書罕山。自初服至進賢冠，前後共七年，其間予寧覲入遷謫往來三十餘年；今天啟丙寅（按即西元一六二六年）以他事至寺，罕山老松鬣更長矣。」

△避園擬存詩集、感述：「昔年十四、五，學業棲山寺。此山名赫山，法雲題寶地。古松百餘尺，夭矯如龍戲。我昔常騎之，飛夢入天際。」（註二〇）

△避園疑存詩集、還罕山：「昔我居山寺，氣象頗飾潔。……今我來山寺，天昏慘不悅。……下堦揖老松，寒濤訴凄切。……老松實笑我，點首子極拙。幾回廿五年，安身得何訣？對之三浩歎，靦顏無可說。」

按：罕山亦作赫山。罕、赫音相近。由右引三詩所描述之景物相類，亦可證罕山赫山一也。其地在今山西陽曲縣東五十里，近太原市。

明神宗萬曆十八年庚寅（西元一五九〇年）十五歲

季重家山陰，縣南有天台山，東南有南、北雁宕，風景皆絶佳，季重心雖嚮往，然因是時棲居於罕山寺中苦讀，而不得前往一遊。

△遊喚、紀游：「台、蕩之勝，入懷者廿年，入夢者幾夜。」

△謔庵文集卷四、王謔菴先生傳：「（王思任）自庚戌游天台、雁宕，另出手眼，乃作游喚。見者謂其筆悍而膽怒，眼怒而舌尖，恣意描摩，盡情刻畫，文譽鵲起。」

按：依張岱王謔菴先生傳，知季重於庚戌年（神宗萬曆三十八年，西元一六一〇年）遊天台、雁宕而作游喚記勝。游喚文中有「入懷者廿年」句，如是上推二十年，即爲季重嚮往台、蕩勝蹟之時也。

**明神宗萬曆十九年辛卯（西元一五九一年）　十六歲**

**明神宗萬曆二十年壬辰（西元一五九二年）　十七歲**

季重自十四歲起居於晉北之罕山。至萬曆二十年，遇滇僧月峰，爲言山西五台山有「佛雪紺」（註二二），乃一古老佛教僧寺，曾相約同往觀賞，或因季重遷居，未能成行。

△王季重歷游紀、游五臺山記：「滇之三果僧月峰，曾為予言五臺有佛雪紺者，是萬年物。……而萬曆庚戌，予以遷客過繁峙，正月閼寒，銳然往觀之，邑生鄭振之導焉。……所云月峰師一咒出之，十八年前曾訂予罕山，言俱檀氣。今我來思，蛛在衲矣。」

按：萬曆庚戌，乃萬曆三十八年（西元一六一〇年），此時，季重三十五歲。以引錄文字中有「十八年前曾訂予罕山」云云，上推十八年，季重十七歲，與季重其他事蹟正相吻合。

季重由晉北罕山徙居長安西山。長安繁華，而王氏家貧，惟獨處閱書而已。一日，偶得靖節先生集，讀之大悅，日後因有「律陶」之作。又以常讀閩中諸名碩文章，見彼輩文氣骨臞神峭，深得山水之神勢，因欲前往閩中遊覽，以觀其地山川之奇雋，但終未得如願。

△律陶序：「少貧攻舉業，居長安肥錦之衕，解腹探腸縷縷濃熱，忽從友人所見靖節先生集，持向西山松風下讀之，寒胎夙契，不覺雪洽冰懽。」

△時文序、吳楚之鳳子草序：「自予所讀文，熟面於閩中諸名碩則有九。我先生之清，贊宇先生之勁，衷一先生之奇，而予同籍若台晉、鷺峰、能始諸兄之秀，常恨不得閩游，以觀其山川之所啟發，猶記壬辰修業西山，數百篇抄卷至，其中骨臞神峭，以為閩文一捫而得。」

明神宗萬曆二十一年癸巳（西元一五九三年）十八歲

明神宗萬曆二十二年甲午（西元一五九四年）十九歲

季重舉鄉試。

△瑯嬛文集卷四、王謔菴先生傳：「萬曆甲午，以弱冠舉於鄉。」

△劉雲龍讀書佳山水歌賦呈王先生正：「先生十九冠群英，直是龍準之孫子。」（註

（二三）

## 明神宗萬曆二十三年乙未（西元一五九五年）　二十歲

春，三月二十二日乙未，季重與進士試。報至，入選第二十三。

△明通鑑卷七十、神宗萬曆二十三年：「三月乙未，賜朱之蕃等進士及第，出身有差。」

△浙江通志卷一百八十、人物六、文苑三：「王思任，……萬曆乙未成進士。」

△紹興府志卷五十六、人物志十六、忠節二：「王思任，……萬曆進士。」

△嘉慶山陰縣志卷十、人民志第二之二、選舉一：「王思任，有傳，以上二十三年乙未朱之蕃榜。」

△嘉慶山陰縣志卷十四、人民志第二之五、鄉賢二：「王思任，……萬曆乙未進士。」

△青浦縣志卷十三、職官、官師表：「萬曆三十八年，王思任，……萬曆乙未進士。」

△青浦縣志卷十四、職官、名宦傳：「王思任，……萬曆十三年進士。」

△思復堂文集卷二、明侍郎遂東王公傳：「萬曆乙未成進士，時年二十。」

△湯顯祖集、詩文集卷三十二、玉茗堂文之五、王季重小題文字序：「若季重者，……二十而成進士，蓋一代之才也。而天亦若有以異之者。」

△瑯嬛文集卷四、王謔菴先生傳：「乙未成進士。房書出，一時紙貴洛陽，士林學究，

以至村塾頑童，無不口誦先生之文。及幼小題，直與錢鶴灘、湯海若爭坐位焉。」

△列朝詩集小傳丁集中、王僉事思任：「萬曆乙未進士。」

按：季重舉進士，各書（包括青浦縣志卷十三在內）均作「萬曆二十三（乙未）年」，惟青浦縣志卷十四作「十三年」，顯係錯誤。又，國立中央圖書館所藏明刊本王季重集避園擬存詩集卷末，刊識「萬曆二十三年乙未進士」字樣，亦可佐證。

此科由張位主試。入選諸人，季重年最少，纔二十。其時，曾奉諸新科進士差往辭謁張位，位送之，語曰：「天下之寶，當爲天下惜之。」於此，可見張位之於季重慰勉有加，殊爲重視。逮房書出，季重文名大盛；士林學究，以至村塾頑童，無不口誦其文。

△乾坤正氣集卷五百六、王季重先生文集卷三、相國張洪陽先生傳：「蓋予讀予師張文端公之生平行實，……主乙未試，予叨出門牆，會奉差辭謁公。公送之，語『天下之寶，當為天下惜之。……』」。

△余樸讀書佳山水歌：「偶然謫落山陰道，拾取青雲最年少。」

按：張位，字明成，號洪陽，新建（今江西南昌縣西北）人。穆宗隆慶二年（西元一五六八年）進士，官至吏部尚書、武英殿大學士。卒謚文端。

明神宗萬曆二十四年丙申（西元一五九六年）二十一歲

季重返山陰故里。秋，奉親老北上京師待詔；同行有年友吳敦之、李潤予、徐季鳴等，嘗共遊京口（今江蘇鎮江縣）、焦、金二山。

△王季重歷游紀、游焦山記：「丙申，予謁選北上，老親在舫，曾攝游之，僅一識面，偃蹇不親。」

△王季重歷游紀、游金山記：「萬曆丙申秋，吳敦之、李潤予與徐季鳴，道出京口，敦之舉金山之觴，一舸乘風，泠然而驟泊其下。」

入京，奉詔命，知興平（今陝西今縣），道出野王（今河南沁陽縣），過寧邑赴任。興平在渭河北，而渭南有秦嶺、太白，雄冠諸峰，高占五岳之首。季重素嗜山水，見此大喜。

△列朝詩集小傳丁集中、王僉事思任：「萬曆乙未進士，知興平。」

△乾坤正氣集卷五百五、王季重先生文集卷二、送岐山周老公祖榮陟濟寧衛經歷序：「余昔令槐里（按即興平縣），道出野王，過寧邑。」

△乾坤正氣集卷五百五、王季重先生文集卷二、潛園小草序：「予昔跨蹇令茂陵（按即興平縣），入關，未幾，忽扇烏天半，大青，方突驚，知是削成也。蓮掌秀矗，玉盆鬼擘，移換萬態，令我一顧一絕。山自雪峰奔峨眉而至太華，高占五岳之霸。」

按：引文中有「忽扇烏天半……知是削成也」句，當指（太華）山峰初見之印象，或作「忽然烏暗一片，出現天際，正突兀間，知是天然削成之山峰」講。又有「蓮掌秀矗，……令我一顧一絕」，為形容沿途山景秀麗、變幻無窮，深受季重之激賞。文後復言「自雪峰奔峨眉而至太華」。雲峰，如指大雪山，奔峨眉而至太華，據今觀之，兩者不相連屬，與常識似不相符。

赴任三月，倜儻有爲；或曾改調富平，惟未及遷官，即丁母憂而解官返鄉。

△律陶序：「少貧，攻舉業，……嗣後靦顏三仕為令。……會稽謔菴居士王思任題。」

△興平縣志卷四官師：「王思任，號遂東，浙江山陰人，進士。萬曆二十四年除，青年大略，倜儻有為，三月化行。尋以內艱去，士民思之。」

△思復堂文集卷二、明侍郎遂東王公傳：「五、六歲時，有言其二十必貴，貴當棄母。啼曰『天若祚母者，幸無使兒貴也』。……萬曆乙未成進士，時年二十。除知興平，調富平，果丁母憂。」

△瑯嬛文集卷四、王謔菴先生傳：「三為縣令。」

△浙江通志卷一百八十、人物六、文苑三：「三為邑令。」

△紹興府志卷五十六、人物志十六、忠節二：「三為邑令。」

△列朝詩集小傳丁集中、王僉事思任：「萬曆乙未進士，知興平、當塗、青浦三縣。」

△明詩紀事、庚籤卷七、王思任：「除興平知縣，改當塗、青浦。」

按：王思任於律陶序自稱「靦顏三仕爲令」，而瑯嬛文集、浙江通志、紹興府志、列朝詩集小傳諸書，亦均言季重一生三爲縣令，尤以列朝詩集小傳、明詩紀事更確言季重曾知興平、當塗、青浦三縣；惟邵廷采思復堂文集且言及王氏除知興平之後，亦曾出知富平（陝西今縣）。富平與興平，明代同屬陝西西安府，相去不遠。或季重由興平調富平之際，恰丁母憂而未及赴任，亦未可知。今據富平縣志稿卷七職官表、明代「知縣」欄，並未列有季重曾任富平知縣一事視之，季重未嘗就任富平知縣，明矣！

方季重待詔京師，得親聞翰林學士徐學詩銀臺擊奸事，因作徐龍川先生傳誌之。蓋季重於其師徐望平處，早聞學詩此一壯舉也。

△乾坤正氣集卷五百六、王季重先生文集卷三、徐龍川先生傳：「蓋吾師水部望平公，數為予言：銀臺有龍川先生云爾。時予初釋褐，心猶童，談銀臺擊相事，輒為引大白、叫快絕、不細請，而今得悉之於孝廉善伯氏也。」

按：銀臺謂翰林學士院也。徐學詩，字以言，號龍川，上虞人。世宗嘉靖二十三年（西元一五四四年）進士，官刑部郎中。二十九年，因疏陳嚴嵩奸狀，下獄削籍。季重所謂銀臺擊相者，即此事也。

**明神宗萬曆二十五年丁酉（西元一五九七年）　二十二歲**

季重丁母憂，居山陰故里。

**明神宗萬曆二十六年戊戌（西元一五九八年）　二十三歲**

季重丁母憂，仍居山陰故里。

明神宗萬曆二十七年己亥（西元一五九九年）　二十四歲

季重既除母服，詔補當塗（明代屬安徽）縣令。因謁大吏，往來輒過慈湖（今安徽望安縣）。又以歲謁監司於秋浦（今安徽貴池縣西南），見池州（今安徽貴池縣）山青，而有調青陽（安徽今縣）尉、長居池州之想。又因曾往華亭（註一三）遊玩，見其山川秀麗，每恨不能長居其地。

△乾坤正氣集卷五百六、王季重先生文集卷三、何母方太夫人傳：「予令姑孰。」

△乾坤正氣集卷五百六、王季重先生文集卷三、王徵君傳：「曩予令姑孰，謁大吏，往來過慈湖。」

△王季重歷游紀、游九華山記：「予令姑孰，歲謁監司於秋浦。每吟老杜『高山擁縣青』，則願調青陽一尉。至玩華亭，每恨不夕得長此亭足矣。」

△王季重歷游紀、游齊山記：「予數走秋浦。」

按：姑孰，即今安徽當塗縣。

季重偶返里中，訪邑人劉雪湖於其山房中。劉氏工於詩，並擅畫梅，所著梅譜曾再四刻，然俱爲好事者攜去。以家貧不能再刻。雪湖出示舊稿，言其困境。季重本於友生之義，有心相助，乃攜雪湖舊稿還其任所。

△乾坤正氣集卷五百五、王季重先生文集卷二、劉雪湖梅譜序：「山陰劉雪湖，小時

見王元章畫梅而悅之，至忘寢食學之成，遂負笈買履，走名山幽壑，遍訪梅花之奇，盡得其情態。……始焉以元章畫，繼焉以梅畫，迄於今從心所欲。……曾有廣文嚴某，泛舟展視其圖，值花蝶翩來依依數里許；又曾畫倪中丞之壁，越半載，蜂食其華殆盡。……著梅譜凡再四刻，俱為好事者攜去，性既孤高，而家貧不能再刻，無以應問奇者。予偶還里中，訪雪湖山房，則……出舊稿示予……。」

按：季重自是年，至萬曆三十年壬寅（西元一六〇二年），前後三年間，以吏役謁大吏與監司，往來於皖省中南部（參見本年譜萬曆三十年條引文）。推想在此期間，或曾趁便返里一行。故引文有「予偶還里中」云云。

**明神宗萬曆二十八年庚子（西元一六〇〇年）　二十五歲**

季重仍爲當塗縣令。朝廷命内監暨祿徵鳳陽、安慶、徽、廬、常、鎭之稅；又命内監邢隆稅沿江洲田。

△明通鑑卷七十二、神宗萬曆二十八年二月五日己卯：「遣内監暨祿，徵鳳陽、安慶、徽、廬、常、鎭稅，又命邢隆稅沿江洲田。」

△國榷卷七十八、神宗萬曆二十八年二月：「乙卯，命太監暨祿兼徵鳳陽、安慶、徽、廬、常、鎭之稅。……南京守備、太監邢隆，稅沿江洲田。」

朝廷派中書程守訓、内監邢隆等赴江南監督開礦，多方擾民，以廣稅歛。當塗首當其衝，季重爲保護百姓權益，運用其才能、膽識，曾一再戲諷主事者；當塗、徽州二縣，因其寥寥數語，解去無限災苦。

△思復堂文集卷二、明侍郎遂東王公傳：「大璫（註二四）邢隆開礦橫山（註二五）。公抗言：「橫山，高皇帝鼎湖（註二六）三百里內，即樵蘇無入開採，誰敢者？』隆氣塞退稅。璫疏立關采石，復以計寢之。」

△瑯嬛文集卷四、王謔菴先生傳：「人有咎先生謔者。其客陸德先嘆曰：『公毋咎先生謔。先生之涖官行政，摘伏發奸，以及論文賦詩，無不以謔用事。昔在當塗，以一言而解兩郡之厄者，不可謂不得謔之力也。中書程守訓奏請開礦，與大璫邢隆同出京，意欲開採，從當塗起，難先生。守訓逗瓜州（註二七），而賺璫先至，且勒地方官行屬吏禮，一邑騷動。先生曰：『無患。』馳至池黃（註二八），以緋袍投刺稱眷生（註二九）。璫怒，訶謂縣官不素服。先生曰：『非也。俗禮弔則服素，公此來慶也，故不服素而服緋。』璫意稍解，復詰曰：『令刺稱眷，何也？』先生曰：『我固安陽狀元婿也，與公有瓜葛。』璫大笑，亦起更緋。揖先生坐上座，設飲極歡。因言及橫山。先生曰：『橫山為高皇帝鼎湖龍首，樵蘇且不敢，敢問開採乎？必須題請下部議方可。』璫曰：『如此利害，我竟入徽（註三十）矣！』先生耳語曰：『公無輕言入徽也，徽人大無狀，思甘心於公左右者甚眾，我為公多備勁卒，以護公行。』璫大驚曰：『吾原不肯來，皆守訓賺我。』先生曰『徽人恨守訓切骨，思磔其肉，而以骨飼狗，渠是以覷望瓜州，而賺公先入虎穴也。』璫曰：『公言是，我

即回京，以公言復命矣。』當塗徽州得以安堵如故，皆先生一謔之力也。」

季重為同鄉劉雪湖編次其詩，又刻其梅譜於當塗官邸。

△乾隆正氣集卷五百五、王季重先生文集卷二、劉雪湖梅譜序：「山陰劉雪湖……出舊稿示予，予為刻之於姑孰官邸。其詩卷稍為次第，餘悉仍之，以昭厥志。」

**明神宗萬曆二十九年辛丑（西元一六〇一年）　二十六歲**

季重仍爲當塗令。

春，季重應詩友池州守錢仲美之邀，與王伯允、李焉諸友共遊秋浦之齊山（位安徽貴池縣南），並作「游齊山記」與「東平西發」詩。

△王季重歷游紀、游齊山記：「齊山在秋浦之東。……予數走秋浦，每忽易之。錢仲美守池，王伯允、李焉輒誇我而強之游。從大觀樓發足，歷千柳堤，不二三里而樂其下。曷為乎齊也？唐刺史齊映好此山也。……時萬曆辛丑之春也。」

△避園擬存詩集、東平西發：「齊山忽到眼，青抹數層煙。野水投城塹，官程破墓田。馬殘梨外月，鳩叩麥前天。沙石憑磽确，猶賢軟霧邊。」

季重赴京入覲，舟過彭城（今江蘇徐州市），以繂力不足而阻淺，乃止宿而遊子房山；並作記。既覲南返，過滁州（今安徽滁縣），欲遊豐樂醉翁亭，惟以公務趣促，未果。

△王季重歷游紀、游子房山記：「乘傳（註三二）過彭城，賕牧裁其繂力，舟膠焉，不得行。童僕恚甚，而予輒醉之酒，笑謂：『我子長也，阸當在此。』明日登子房山

也，會同年汪廷尉至，共之山祠子房。或曰子房曾隱此。」

△王季重歷游紀、游豐樂醉翁亭記：「一入青流關，……江南之意可掬也。是時辛丑

覲還，以為兩亭館我而宇之矣。有檄趣令視事，風流一阻。」

季重作游子房山記。記中月旦古今人物，分「不善於敢者」「善於不敢者」二類。又由其友汪廷尉「何知有敢不敢得者爲敢矣」（敢從事於常人之所不敢爲者方爲豪俠），及季重聞之，「舌撟而不能下」云云，已流露季重衷心所敬佩者，實爲博浪沙之子房與刺秦王之舞陽者流，徒以畏忌於當路，不敢 明言而已。

△王季重歷游紀、游子房山記：「子房之事，不成於倉海之沙中，而成於黃石之圯下也。試徘徊四顧，桓山之愚也，泗水之誕也，戲馬臺之縱也，亞夫之癡也，皆不善於敢者也。雍門之彈也，陵母之剄也，迷劉村之走也，舞陽之排闥而九里之歌也，皆善於不敢者也。廷尉曰：『何知有敢不敢得者為敢矣！』予舌撟而不能下。」

明神宗萬曆三十年壬寅（西元一六〇二年） 二十七歲

季重仍爲當塗令。

夏，四月中，循當塗東南之青山（山上有謝朓、李白之勝蹟），下尋宛溪之勝。望敬亭山，悠然神往，惟以吏事拘身，未能登臨。

△王季重歷游紀、游敬亭山記：「『天際識歸舟，雲中辨江樹』，不道宣城，不知言者之賞心也。姑孰據江之上游，山魁而水怒。從青山（註三二）討宛，則曲曲鏡灣，

吐雲蒸媚，山水秀而清矣。曾過響潭，鳥語入流，兩壁互答。望敬亭絳霧浮隱，令我杳然生翼；而吏卒守之，不得動。……以壬寅四月記之爾（註三三）。」

尋以謁大吏事竣（參見本年譜萬曆二十七年條引文），乃謝吏卒隨從，著草履，走眺敬亭。敬亭，在宣城城內，山下有溪，曰宛，山、水皆幽絕。遊程中，有廚人相隨，並曾以一觴慰之，足見季重喜美食，性隨和。

△王季重歷游紀、游敬亭山記：「既束帶竣謁事，乃以青鞋（註三四）走眺之。……廚人尾我，以一觴勞之。留雲閣上，至此而又知『眾鳥高飛盡，孤雲獨往還』造句之精也。……以壬寅四月記之爾。」

△避園擬存詩集、敬亭山凌雲閣：「閣自為雲凌，雲來閣欲去。萬綠不肯降，翻天攪相煮。啼空只茫然，望遠知何處？明月當此中，時有詩人語。」

△避園擬存詩集、宛溪夜發：「宛口下孤舟，青山夜更秋。月中人不靜，天外水空流。官火分漁店，僧鍾起鷺洲。平生幽隱意，只看大刀頭。」

按：游敬亭山記中之「留雲閣」，當即敬亭山凌雲閣詩中之「凌雲閣」。季重於敬亭，遊之不足，嗣之以夢，可見其於敬亭勝景嚮往之深也。

△王季重歷游紀、游敬亭山記：「歸臥舟中，夢登一大亭，……榜曰敬亭，又與予所游者異。……夢何在乎？游亦何在乎？又焉知予向者游之非夢，而夢之非游也？……以壬寅四月記之爾。」

池州齊山之東有九華山，年前季重遊齊山而未一及，遂以是年夏六月，考績事竣，兄大然、師漏實仲容來訪，乃約同門人張仲濠、王中履共遊九子山（註三五），並作「過太白先生墓酹而喚之」詩一首抒懷。

△王季重歷游紀、游九華山記：「予令姑孰，歲謁監司於秋浦。……至玩華亭，每恨不夕得長此亭足矣。壬寅六月，以課績往，而兄大然、師漏仲容實來，乃訂門人張仲濠、王中履共訪九子山。」

△避園擬存詩集、過太白先生墓酹而喚之（自註「時予令姑孰」）：「秀骨冷青山，行人望禾黍。生為明月來，死剩清風去。陽冰篆尚存，力士靴何處？夜臺無酒家，還起共我語。」

明神宗萬曆三十一年癸卯（西元一六〇三年）　二十八歲

季重仍爲當塗令。

嘗試諸生，得交諸生如祝耀北、孫養沖等人。

△王季重集、耀北祝公墓誌銘：「憶予令當塗時，試諸生，公屢冠軍，謬附知己。」

△王季重歷游紀、游豐樂醉翁亭記：「癸卯入覲，……門生孫孝廉養沖氏亟觴之。」

按：季重覲還，過滁，門生孫養沖觴之。季重前此，未曾設館課生徒。引文中既稱孫氏爲「門生」，以其曾應「諸生歲考」之故歟？

入覲京師。朝廷諫官沈綸扉見擠放歸，季重滿懷義憤，以無力救援，良愧於心。

△乾坤正氣集卷五百五、王季重先生文集卷二、沈文端公綸扉奏稿序：「公既以昌言見忌，……放公歸。……當是時，予待罪姑孰，……愧不能以小臣上章救公。……逾三十年，而予小草復出，……試同起部。」

按：季重失官二十年，於崇禎五年復出爲工部主事（見本年譜五十七歲）。「逾三十年」云云，如上推三十年，則沈綸扉見擠放歸事，當在季重二十七歲時。惟依下條引文，季重「癸卯入覲」而延後一年，改於京師親聞，因不能申救而有愧於心，於情於理，似較圓融。

△王季重歷游紀、游豐樂醉翁亭記：「癸卯入覲，必游之。突騎而上豐樂亭。……予覲畢，南返滁州，乃突騎而上豐樂醉翁亭一遊，以遂前年未了之願。季重以謂天下名勝，不在山高水長，不在巖壑深邃、山峰奇偉，而在有無文人名士徜徉其間。河山景物，非經人工之修飾，無以顯現也；勝蹟美景，非有史事之襯托，亦難於受人尊重也。

語養沖曰：『山川之鬚眉，人朗之也；其姓字，人貴之；運命，人通之也。滁陽諸山，視吾家巖壑，不啻數坡坨耳。有歐蘇二老足目其間，遂與海內爭千古，豈非人哉？』」

明神宗萬曆三十二年甲辰（西元一六〇四年）　二十九歲

季重仍爲當塗令。

明神宗萬曆三十三年乙巳（西元一六〇五年）　三十歲

季重任滿當塗知縣六載，陞刑部主事，進駐白門，甚不得意。白門，今江蘇南京市也。

△當塗縣志卷十五、職官、「知縣」欄、「萬曆二十七年」至「三十二年」：「王思任，字季重，……山陰進士，陞刑部主事。」

按：依當塗縣志，知思任於萬曆三十二年任滿當塗知縣後，陞任刑部主事。

△乾坤正氣集卷五百五、王季重先生文集卷二、鄭逸少詩文序：「三十年前，予郎白下，得讀逸少文，……今予又郎白下，而逸少依然一逢掖也。」

△乾坤正氣集卷五百六、王季重先生文集卷三、何母方太夫人傳：「予令姑孰，郎白門，權鳩茲。」

△嘉慶山陰縣志卷十四、人民志第二之五、鄉賢二：「王思任，……南刑部主事。」

△思復堂文集卷二、明侍郎遂東王公傳：「服闋，補當塗。……陞南刑部主事。」

△全浙詩話卷三十五「王思任」條：「思任，字季重。……歷南京刑部主事。」

△瑯嬛文集卷四、王謔菴先生王傳：「兩為臬幕。」

按：臬幕，明清提刑、按察司之別稱也，季重二度爲郎白下，或即謂此，惟時間不詳耳。今據何母方太夫人傳「予令姑孰（當塗），郎白門（南京），權鳩茲（蕪湖）」以推：姑孰、白門、鳩茲三地連文，且其間距離不遠，思任於升任刑部主事，旋即進駐白門。今復就邵氏明侍郎遂東王公傳「陞『南』刑部主事」

及嘉慶山陰縣志「『南』刑部主事」，明著一「南」字，即爲顯證。凡此，有若今日駐區監察委員、駐區督學之類例也。又，全浙詩話逕作「『南京』刑部主事」，即爲確證。

△避園擬存詩集、郎白下菴寓：「禪扉深扃倚湘干，客邸蕭疏歲易殘。隋柳幾年風物盡，鍾山一夜雨聲寒。家鄉路近頻來夢，車馬人稀半似官。腰瘦不堪仍折約，冥鴻多少羨肥磐。」

按：由此詩，可知季重爲白門郎時，誠不得意。

明神宗萬曆三十四年丙午（西元一六〇六年）　三十一歲。

季重仍爲刑部主事。

明神宗萬曆三十五年丁未（西元一六〇七年）　三十二歲。

季重仍爲刑部主事。

明神宗萬曆三十六年戊申（西元一六〇八年）　三十三歲。

季重今年嘗過睦州（今浙江建德縣），欲上釣臺觀名勝，以大雨兼病足，不得上。

△游喚、釣臺（桐廬）：「七、八歲時，過釣臺，……前年（按指今年）到睦州，又值足中有鬼，且雨甚，不得上。今（指三十五歲時）從台、蕩歸，以六月五日上釣臺也。」

明神宗萬曆三十七年己酉（西元一六〇九年）　三十四歲

季重以遷客遊京口，五月望日，與友人司馬莆田、方伯文、劉伯純遊焦山、普濟寺；欲觀王羲之瘞鶴銘，惟碑已墮江中丈許，不可得。此行有感，遂作游焦山記，以金山比焦山之風貌異同。

△王季重歷游紀、游焦山記：「己酉以遷客翔京口，五月既望，會司馬莆田、方伯文晤我，買鮮蓄旨，約地友劉伯純、陳從訓俱；從訓暑不出。……至岸，入普濟寺，……謁焦先生祠。……討瘞鶴銘，已投江丈許，褰衣濡足，惘不可得。……試以金、焦評之，金以巧勝，焦以拙勝。……」

明神宗萬曆三十八年庚戌（西元一六一〇年）　三十五歲

春，正月，季重聽讁入京。因罕遊高峰雪景，即以初春暇日，暢遊晉北積雪五台群峰。至繁峙，由邑生鄭振之導焉，過祕魔嶺，地友劉繁峙觴之。次日，以謁佛之便，觀祕魔嶺異景，乃夜宿獅子窩。又次日，晨雪既止，強著皮冠上獅嶺，踰金閣，天忽大霽，日芒道道爭雪，光眴不可視。午後遊小清涼寺，遂夜宿該寺。又次日，復上金閣。又次日，登菩薩頂。……途中見民生凋弊，復以邊警甚急，乃慨然作詩爲記。

△王季重時文敘、鍾百樓先生窗稿序：「庚戌歲，予聽讁入都，一堂之中，進賢冠俱寸矮作唐帽，而予獨仍尺許。湯嘉賓、趙哲臣戲語之曰：『那得辦此古器？』予應之曰：『高之徵下，下之徵高，吾冠最先，可謂時極。』兩兄輒笑曰：『辦！』」

△王季重歷游紀、遊五臺山記：「滇之三果僧月峰，曾為予言五臺有佛雪紺者，是萬

年物，子不可作舍，衛三億人，而萬曆庚戌，予以遷客過繁峙，正月閟寒，銳然往觀之。邑生鄭振之導焉。……劉繁峙觴焉，而予同鄭生牛飲之。……次日，禮佛，看四山。……次日雪深數尺，強以皮冠秦復陶上獅嶺，踰金閣，天忽大霽，日芒道爭雪，光眴不可視。……至午，下小清涼，看般若石，脩廣五丈，……古清涼山無泉脈，所云月峰師一咒出之，十八年前曾訂予罕山，言俱檀氣。今我來思，蛛在衲矣。……次日復下小清涼，上金閣。……次日，登菩薩頂，上羅睺寺。……次日，走北臺之半，寒風矢透，人僅槁葉。……即盛夏起居，一浣一滌，皆雪也。……五臺同雲，惟四月薄謝，餘盡瀌瀌奕奕之日也。……吾生平之雪游，暢於此，乃記之。」

△避園擬存詩集、游五臺山自普門精舍歷澗道至竹林寺（和老杜清陽峽）：「側險堪慟哭，一步萬鈞落；酷肖羊腸轉，定知龍門弱；……突起竹林塔，我心方曠廓。」

△避園擬存詩集、游祕魔巖（和木皮嶺）：「（略）」

△避園擬存詩集、獅窩嶺早發（和白沙渡）：「旭來雪若水，逢天乃得岸。……雪白萬餘里，天青界相半。」

△避園擬存詩集、從金閣嶺經石塔寺未上（和龍門鎮）：「（略）」

△避園擬存詩集、上華嚴嶺（和鐵堂峽）：「春凝回大地，此山凍欲裂。」

△避園擬存詩集、入華嚴老人居（和劍閣）：「空山誦華嚴，人老氣則壯。……側望

萬年冰，布瀑三千狀。」

△避園擬存詩集、登東臺頂（和萬丈潭）：「古雪爭日光，彌天象反晦。……諸山愿臣僕，北臺僅敵對。」

△避園擬存詩集、行路難：「百文牲一女，硬賣不回看；不賣自殺之，多餐亦是算；君不見、繁峙南、盂縣西，山木自寇災為皮。」

△避園擬存詩集、邊警：「時平不用武，法老故生涼；……僭元佟哈赤，叛應李家芳；衷甲倉皇變，屠人壑澤重。……艸包持大纛，瘥腫怯飛驪。……田土絲毫累，薪蔬什伯昂；長安都處燕，但報只鶯獐。」

△避園擬存詩集、出塞：「雖知邊塞苦，中原良亦難。」（其三）「縛人亦有手，殺人亦有刀；年年送繒帛，不如繕征袍。」（其五）

△避園擬存詩集、過荊軻山：「荊軻一去後，易水千載寒。」

△避園擬存詩集、陽曲道中：「疋馬太原城，嘶寒客骨驚。」

△避園擬存詩集、天長道中：「春行半在水，岐路苦紛紛。」

△避園擬存詩集、拜杵臼程嬰墓：「（略）」

△避園擬存詩集、上元無事：「鼓角三韓凍，年光一水涵；偷安仍節序，領勝自東南。」

按：由上引諸詩，可知季重初春遊陝、晉時之行程。惟至上元日已返京師。

晉南汾水縣重修書院，季重爲之作記，且對時局之頹靡、官宦之慵懦，寄以無限悲慨。

△乾坤正氣集卷五百七、王季重先生文集卷四、重修汾水縣儒學記：「宋治平中，汾水學建凡四徙學，乃奠內邑內。……今國家多難，天東鼓角，兩年沸驚，妖孽猖熾，遺我熳書；棒檄者眉顰，請纓者跡絕，天子不勝鍾鼓之憂。輪臺詔下，徒泣遺弓。」

二月，季重復爲青浦縣令。

△青浦縣志卷十三、職官、「知縣」欄、「萬曆三十八年」至「三十九年」：「王思任，遂東，浙江山陰人，萬曆乙未進士。」又卷十四、名宦傳：「王思任，字季重，浙江山陰人。萬曆十三年（「十三年」當作「二十三年」，詳見本年譜「二十歲」條）進士，由刑部主事改授知縣。」

△列朝詩集小傳、丁集中、王僉事思任：「知興平、當塗、青浦三縣。」

△雜文序、均役全書序：「此青浦縣清田、均役之書也。青浦，小縣耳。」

按：青浦，即今江蘇青浦縣。

浙中天台、雁宕諸山，景物幽勝。季重於十五歲時，即已衷心嚮往，惟彼時身居晉北罕山寺中苦讀，不得一遊。迨今年四月，季重既知青浦，去故里甚近，終於視事之餘，費時兩月，步履所及，了卻「入懷者廿年」之願；且作「游喚」，詳記歷程。

△瑯嬛文集卷四、王謔菴先生傳：「自庚戌游天台、雁宕，另出手眼，乃作游喚，見者謂其筆悍而膽怒，眼怒而舌尖，恣意描摩，盡情刻畫，文譽鵲起。」

△游喚、釣臺（桐廬）：「今從台、蕩歸，以六月五日上釣臺也。」

△游喚、紀游：「台、蕩之勝，入懷者廿年，入夢者幾夜；頃子姪輩向累稍謝，偶讀駕部張肅之台游草，遂投袂而起，……蓋玄暢於游者，凡兩月。」

△游喚、仙都（縉雲）：「予戀台、甌者，幾兩月。」

△游喚自序：「台、蕩諸山，乃吾鄉几案間物。今年始得看畫，歸以語人，疑信相半。彼其眼足，在胸中自立一隔扇耳。」

△陳繼儒王季重游喚敘：「其游天台、雁宕諸山，時懦時壯，時嗔時喜，時笑時啼，時驚時怖，……。」

按：季重釣臺詩謂「今從台、蕩歸，以六月五日上釣臺」，而紀游、仙都二詩，又自謂其游台、蕩者，「凡兩月」，故知季重之始遊，當在四月初夏。

四月，季重首遊天台山，其路程始自上虞東山，逾嵊縣剡溪，過南明天姥，以迄天台。

△游喚、東山（上虞）：「出東關，得箬舟，霧初醒，旭上望虞山一帶，坦迤絳直。」

△游喚、剡谿（嵊縣）：「浮曹娥江上，鐵面橫波，終不快意。……秋冬之際，想更難為懷；不識吾家子猷，何故興盡？」

△游喚、南明（新昌）：「過剡縣十五里，青騍背上望見二山，……鐘鼓山取谿入谷。」

△游唤、天姥（新昌）：「從南明入台山、如剝筍根，又如旋螺頂，漸深遂漸上，……行十里，望見天姥峰，……葛洪丹丘俱在。……一吟而天姥與台山遂爭伯仲席。」

△游唤、天台：「望台山一圍，碧浪萬千，則又仍在天之下也。……一壁刮天，有天台山三大字，畫每徑四尺，矢勁鐵強。」

五月，游雁蕩山，其路程由樂清縣北雁蕩起，南下永嘉孤嶼與華蓋，折入瑞安仙巖；再沿甌江西入青田石門，復西入小洋，北溯惡溪而至縉雲仙都。歸途經桐廬，登釣臺，一償前年未了之願。

△游唤、雁蕩（樂清）：「鴈蕩山是造化小兒時所作者，……山周遭不及三十里，以馬鞍嶺為界。」

△游唤、孤嶼（永嘉）：「九斗山之城北，有江枕回孤嶼。……海潭注其間，故於山名孤嶼，而於水又名中川，宋僧蜀清了為龍說法解脫之土，其宮而兩山屬，於是起江心寺，而孤嶼反在隱隱隆隆之際。今人不言孤嶼，但言江心寺。」

△游唤、華蓋（永嘉）：「海雨在四、五月間，如婦人之怒，易構而難解。……然華蓋能妬予，不能禁予不看風雨之華蓋也。」

△游唤、仙巖（瑞安）：「泉石之奇，皆泉石之聰明強有力所自致者。泉不安於泉，躍而為瀑布。」

△避園擬存詩集、青田湖：「天上煙雲一樣妝，人間花柳不難芳；若把西湖比西子，

西施當日尚非倡。」

△游喚、石門（青田）：「去青田三十里，惡谿齒齒鋸張，……望見天壁，百丈瀑布，懸空飛下。……予自觀瀑以來，驚于天台，畏于雁蕩，歌舞於仙源而苦于石門。」

△游喚、小洋（青田）：「由惡谿登括蒼，舟行一尺，水皆汗也。天為山欺，水求石放，至小洋而眼門一闢。」

△游喚、仙都（縉雲）：「嘉桑下不得過三宿，而予戀台、甌者，幾兩月。……從括蒼至縉雲，惡溪複嶺，吾骨已欲盡，決意奉教仙都，另卜其吉矣。」

△游喚、釣臺（桐廬）：「七、八歲時，過釣臺，……今從台，蕩歸，以六月五日上釣臺也。肅入（嚴）先生祠。」

冬，十月，季重與劉伯純遊鎮江北固山。

△王季重歷游紀、游北固山記：「庚戌十月，量移由拳買櫻脯，走眺三山閣，劉伯純適至，飛觥流覽，不覺燈火照揚州矣。」

△避園擬存詩集、再過金山：「老去渾知畫，金山詎可雙；撐天不藉地，到海突攔江；鬖氣華新閣，龍封夾大邦；風濤洶萬古，骨立若為降。」

△避園擬存詩集、游慈雲寺贈僧：「寒光染墨凍溪冰，溪路穿岡不記層。」

明神宗萬曆三十九年辛亥（西元一六一一年）　三十六歲

季重爲青浦縣令之二年。季重有吏才，舉凡催科、編審、聽訟等事均能就理；閒暇則以詩文自娛，且留意人才，嘗奏請廣置科舉及增設生員名額；是以縣邑內文聲丕振，季重有力焉。至其在官讌客，則倡設席五簋，以示節儉風尚。

△青浦縣志卷十四、名宦傳：「思任有吏才，催科、編審、聽訟，事皆就理，下不能緣以為奸。暇則以詩文自娛，留意人才，嘗請廣科舉及入學之額，督學道因建議，上聞。邑中文聲之振，思任有力焉。在官讌客用五簋，著五簋說，以示風尚。」

**明神宗萬曆四十年壬子（西元一六一二年）　三十七歲**

季重性詼諧，狎侮諸人，因受創於李三才，遭曹瞞借糧故事，以致撤官。

△王季重時文敘、童壘恥四糊齋稿敘：「壬子……未幾以茁軋被劾，曹瞞借行斛頭，一刀斷訖爾。」

△瑯嬛文集卷四、王謔菴先王傳：「先生於癸丑（案即季重三十八歲）、己未（案即季重四十四歲），兩討兩黜，一受創於李三才，再受創於彭瑞吾。人方耽耽虎視，將下石先生，而先生對之，調笑狎侮，謔浪如常，不肯少自貶損也。」

按：張岱謂季重於神宗萬曆四十一年癸丑被黜，惟據青浦縣志所載，今年壬子季重已非青浦縣令矣，且前引四糊齋稿敘，亦云壬子「以茁軋被劾」，則張岱之說，容或可商？

又，李三才在淮久，以折監稅得民心，嘗刻治程守訓，論死罪，大快人心；及淮、徐歲侵，又請振恤，蠲馬價，淮人深德之，事見明史卷二百三十二李三才傳。再據明通鑑卷七十四，去年（辛亥）二月，李三才為忌之者誣訟，自請罷官；而救之者甚衆。今年五月，凡救三才者，率指目為東林，抨擊無虛日。季重之受創於三才，或謂此事耶？

季重以為應試之文，皆舉子業之贅，不予重視，數年內必見屏棄；且謂時文之作，如車之合轍，有矩可循，易而不奇，因作壬子合轍，專論應試作文之要訣。

△王季重時文敘、童墨恥四糊齋稿敘：「子試看幾年內，必有一日盡斥舉子業不用，負吳、陶、湯、許之才者，定當餓殺。……壬子，北墨到，見二名卷，初亦眩其光怪，細檢之，電絲珠迸，龍宮綃人淚也。」

△王季重時文敘、壬子合轍敘：「要以題旨領會古今共由者，即賞之得如千首，亦似出於一道，同風斷無旁曲者，命之曰合轍。嗟乎！絕跡易，無行地難；行地而能絕跡，轍乎有厚望矣！然吾以之望卯辰作車者。」

△王季重時文敘、卯辰合轍敘：「客謂王生曰：『壬子合轍出，而子之身危為怪的。』」

△雜文敘、重脩三槐家譜序：「前人作車，後人合轍，言合轍者之易也。」

明神宗萬曆四十一年癸丑（西元一六一三年）　三十八歲

季重去官閒遊，因讀震澤編，慨然興泛遊太湖之志，乃於十月二日乙酉，邀友人李澹湖、汪若水、陳少山，負酒餱糧往遊，逾十日始還。

△王季重歷游紀、泛太湖游洞庭兩山記：「余讀震澤編，慨然有七十二峯之想。……因借同年俞觀察一檄，而以橙黃橘綠之時，約友生李庭堅往，會庭堅曳州試債業未竟，乃喚其弟澹湖，又得友汪若水、陳少山，築酒贏糧，以癸丑十月乙酉，從胥門發。……明日丙戌，登靈巖山，……觀西施洞、犀牛石，醉羅漢石，俱無奇眺。……次日丁亥，……視則東洞庭山足矣。……戊子，解纜至白馬廟，欲問柳毅龍井事，而風抑不得。……己丑，觀林屋洞，……庚寅，謀上縹緲峯，……返宿，明月灣灣，既全受月，而沙渚蘆花映月發光。……辛卯，飯於大龍嘴之下。……壬辰，從韓村入三里，拔一危嶺，得西湖寺。……癸巳，乃遡波命榜數檻，邊月峯。……是役也，邀震澤之靈，自入後保以來，風日清美，船如天上，湖山之狀，朝莫五色，悉飽其變，且夜夜明月。」

△避園擬存詩集、吳山夜臥：「客牀猶是我，野月徑來眠；……陰陰望疏影，活活聽流泉。」

△避園擬存詩集、太湖法海寺贈僧：「積葉依僧定，空山踏響人；竹樓巢古樹，秋壑繡紅春。老釀粗供客，新橙解急貧；嶺頭一相送，方笑住湖濱。」

△避園擬存詩集、復步問水亭：「辛苦西湖水，人還即熟眠。」

△避園擬存詩集、不謂：「不謂西湖上，徵兵反寂寥。……秋氣真同肅，天聲已破驕。」

△避園擬存詩集、西施行：「（略）」

△避園擬存詩集、快月：「纔知浴後月，絕不殢纖埃；悄極先秋到，光深夾水來。」

△避園擬存詩集、西洞庭翠峰寺：「山寺逢秋醉，溪鍾入午瘖。」

△避園擬存詩集、湖上詠：「淡水濃山畫裡開，無船不署好樓臺；……只慚遣老妻孤鶴，寂寞寒籬樹幾梅。」

△避園擬存詩集、于忠肅墓：「涕割西湖水，于墳望岳墳。」

△避園擬存詩集、淨慈寺：「淨寺何年出，西湖長翠微。……酒家蓮葉上，鷗鷺往來飛。」

△避園擬存詩集、宿包山寺空翠閣：「山作深秋氣，溪埋老樹多；紅鮮疑筆點，香鳥半笙歌；……晚來空翠閣，吸盡太湖波。」

明神宗萬曆四十二年甲寅（西元一六一四年）三十九歲

季重於山陰故里，選勝蠡（太湖）濱，構水閣數楹，清流翔注宇下，築清暉閣以居，額其名曰「讀書佳山水樓」，日以詩酒陶然其中；雅客或來，則請賦詩，積久成帙，題曰「讀書佳山水集」，日後且攜此詩集宦遊，故其閣名因之喧騰遐邇。

△徐如翰清暉閣讀書佳山水詠序：「蓋余每醉清暉，未嘗不羨其地之勝景之清曠，山水之俊麗縈紆，而主人之才情思致橫逸奇邈也。主人為誰？則是我王季重氏。季重才名，囂聞一時，而獨其骯髒之性，不諧于仕路，故屢起屢蹶，竟以壯年拂衣，而

以其試之用而不盡者，暫寄之山水詩酒之間，選勝蠡濱，得東郭之長阪，乃卜居焉。居之前，構水閣數楹，清流翔注于宇下，綠野綺錯于楹前，而秦望、天柱、香爐、禹穴，亭山、筆架、梅里諸峰，羅列拜舞於城外。……乃季重每索余題，且以七言律為限，而又不以多多為厭。……余近亦卜居蕺山之陽，雖風景不及清暉之萬分之一，……亦頗不惡。」

按：文中一曰「壯年拂衣」，又曰「選勝蠡濱」，則當是去官、遊太湖之後事。

△錢時讀書佳山水歌序：「讀書佳山水者，王遂東先生所額其舟坊為讀書居也。居卜稽山門之陰，先生陶然此中。一日，余飲其處，先生曰：『山水乎？讀書乎？君能默默而處此乎？』余曰：『夫猶是山水也。』然而先生之讀書，有先生之佳焉。……緬惟遂東，弱冠高華，意不可一世，掇上第以甘棠起家，歷比部，所至骯髒，賦歸來，所讀之書，所樂之山水，皆有異趣。」

△屠本畯題讀書佳山水樓北詞序：「讀書佳山水樓，左有長堤大壑，右有農圃蘭畦，前對禹穴、蘭亭；稽山、鏡水，登樓讀書，一望山川，盡掛眉睫。」

按：由上引三文，可知季重築樓之意與其周遭地勢。

△黃以陞讀書佳山水歌題遂翁先生家園並求教正：「謔菴先生山水癖，酒聖書淫屐兩隻。少入金門歎陸沉，還於人境結靈宅，宅在山陰跨城隅，千巖萬壑競朝趨。」

△項煜「秋來見遂東先生于燕邸，如遇世外人，如說天上事，微行索題其所謂讀書佳

山水，不敢辭不韻也」詩：「馬頭塵與高雲平，長安不耐煙霞情。……豈必鑑湖拜君賜。」

按：此詩或作於五十一歲北入京師時，因詩題過長，故特爲標點。詩中「鑑湖」即清暉閣旁之鏡湖也。

△葉源「舊姑孰王季重父母待詔都下，睽違既久，邂逅成懽，席上言所署讀書佳山水，令人想絕，乃作一歌」：「孫郎繞膝斐成章，脤自燕山教有方。退邇敲門來問字，門人每出姓名揚。」

按：此詩或與上引項詩作於同時，由文中可知，季重之讀書佳山水樓及其詩集，均已名聲遠揚，且仍在央人續賦中。

明神宗萬曆四十三年乙卯（西元一六一五年）四十歲

季重賦居山陰故里，仍以浙省文壇名士自命。

△王季重時文敘、麈談敘：「司馬漢章，會稽才士也。……乙卯浙試七篇，如峨山雪半以知仁破，有下襲水土之語，不及格，而觀者傳為艾子；予與錢仲美不之罪也。」

明神宗萬曆四十四年辰（西元一六一六年）四十一歲

冬，季重應舊友之邀，赴任濟南歷下書院教授。

△王季重歷游紀、觀泰山記：「丙辰之冬，岱入夢，意惡之。」

△避園擬存詩集、至歷下恰雨：「一官車耳廿年塵，西謫東遷未隱淪。三匝又依華不

注，中原欲認李于麟。龍蛇有骨隨雲老，海嶽初交得雨新。為問古亭惟歷下，濟南名士幾彬彬。」（其一）「此身倏忽點齊州，夢寐見書是舊游。社赤風高來渭水，岱青天湧下尼丘。」（其二）

按：既謂「丙辰之冬」，又曰「一官車耳廿年塵」，足見季重詣歷下書院，為四十一歲丙辰之時也。

**明神宗萬歷四十五年丁巳（西元一六一七年）　四十二歲**

季重居歷下，春玩濟南三勝：華不注、大明湖、趵突泉；又東游魯中名勝東阿、汶陽（曲阜）、孟山口等地，意甚愜也。

△王季重歷游紀、游歷下諸勝記：「華不注、大明湖，趵突泉，濟南之三譽也。……華不注虎齒刺天，肥而銳，似帝青寶碧十分塗塑者，予時僑居歷山書院，幕僚程、張二君，以斗酒洽之漱玉亭上，觀所謂趵突者。……盡辭上官之後，披襟獨往歷下亭子，一看菡萏千畝。」

△避園擬存詩集、謫寓：「青天何日不曾空，雨後多煩氣吐虹。落得歷山書院內，南窗明月北窗風。」

△避園擬存詩集、東阿：「行露未曾歌，前村又幾過。曉寒橋上更，春色柳中多。路斷陵成谷，沙明水去河。桑田如不信，君再閱東阿。」

△避園擬存詩集、汶陽：「啼鳥弄春聲，偏宜陰半晴。花明汶水驛，雨入兗州城。虹

見分寒碧，螺浮點翠青。行人圖畫裡，篤速馬蹄輕。」

△避園擬存詩集、孟山口：「海日初生旭，霜冰已澌澌。騎忙野鶴怪，春瘦碧桃知。沙渡黃河舊，山行靈璧遲。客心似芳艸，一耐曉風吹。」

夏，季重在歷下閒遊，嘗以所攜之「讀書佳山水樓集」與友僚共賞，且央彼等賦詩以增色。

△馬之駿讀書佳山水歌為王季重先生賦時萬曆丁巳夏日：「人生何者樂堪死，一在讀書一山水。王郎兼之亦不廉，日對千巖百城裡。」

按：詩題既尊稱季重爲「先生」，而自署曰「新野馬之駿」，足見作者馬氏與季重並非故舊，此詩當是暇時「以文會友」之作。

六月二十四日，季重以同僚李酉卿之邀，遊泰山、靈巖，歸途過嶧山，順謁孔林、孟廟。

△王季重歷游紀、觀泰山記：「丁巳左官齊幕，開府李公酉卿，修年好予還，亟觴之，謂泰山色且落子馬首，幸以所得來。……乃以六月念四日，至博邑，寅鼓，飯家力，汰弱獎健，肩輿出登封，至紅門，改腰笥，看泰山易與耳。」

△王季重歷游紀、游靈巖記：「域中有四大剎，靈巖居其一。以泰、岱之屋烏也。……王弇州謂其弟，有『泰山不可無靈巖』。」

△王季重歷游紀、謁孔林闕里及孟廟記：「既登泰山以望其氣矣，從山麓東行二百里，

至曲阜，……由是觀之，孔、孟之秀，皆泰岱所鍾者也。不三百里之內，而數聖比肩、負絕今古。……時萬曆丁巳六月念八日紀。」

△王季重歷游紀、游嶧山記：「泰山之石方，而嶧山之石圓，山如累卵，大小億萬，以堆磊為奇巧。……是山也，其古蹟之最著者曰嶧陽桐，尚檻其半。」

此年，季重作卯辰合轍，論爲文之怪與不怪者。

△王季重時文敘、卯辰合轍敘：「客謂王生曰：『壬子合轍出，而子之身危為怪的。』……王生曰：『何怪之多也？……且夫一日之短長在手，千古之是非在心。孔子者，天下人大家之孔子也，以大家之孔子，質之大家 之言孔子者，則怪者自怪，吾不知其怪也。」

明神宗萬曆四十六年戊午（西元一六一八年） 四十三歲

季重因故見黜，去魯歸越，居故里「讀書佳山水樓」，輒與訪客譙談于斯，賦詩爲樂。

△瑯嬛文集卷四、王謔菴先生傳：「先生於癸丑、己未，兩討兩黜，一受創於李三才，再受創於彭瑞吾。人方耽耽虎視，將下石先生，而先生對之，調笑狎侮，謔浪如常，不肯少自貶損也。」

△姜逢元讀書佳山水為王季重先生讀書處余以戊午春雪夜飲其中漫裁短章賦贈兼請教定：「……王季重何奇詭，眼空天地貪山水。」

△爾爾集、「崇禎七年二月廿六阻風清溪，游齊山歸，遇舊民宋鳳鳴，索予詩，壽其

母呂太媼，予孝之，作此」詩，題下自註：「十六年前過此。」

按：張岱謂季重於明神宗萬曆四十七年己未，即季重四十四歲時，受創於彭瑞吾，惟未及詳情。瑞吾，李三才之至友，季重之受黜，是否覆轍重蹈，亦未可知。可疑者，季重之受創於彭瑞吾之年代有異：姜逢元詩題明書「戊午春」訪季重於讀書佳山水樓中；王季重自撰之爾爾集詩亦自謂「崇禎七年」（西元一六三四年）之前十六年（西元一六一八年），亦即今年過齊山、歸故里；凡此，皆與張岱所言有異。

△王季重時文敘、彭伯龍新義序：「……後余終養鏡湖釣碣間。每風便得伯龍函，致問平安字。」

明神宗萬曆四十七年己未（西元一六一九年）　四十四歲

季重閒居山陰故里。

明光宗泰昌元年庚申（西元一六二〇年）　四十五歲

季重居越，過甬上（今浙江鄞縣），初見豐文仲。季重讀其文，驚歎其有「博捖飆衝、吐欱沆氣」之勢，能盡破時文靡麗、空靈之弊，故亦爲其文集作敘焉。

△王季重時文敘、豐文仲澹園藝敘：「庚申過甬上，始見豐文仲之面，讀其文，魂舌不能自主。此何力也？乃詣克至此？摶捖飆衝、吐欱沆氣，盡破年來豪麗之習、空靈之姦，一偕之大道。」

明熹宗天啓元年辛酉（西元一六二一年）四十六歲

春，大雪。季重檢徐渭逸稿，分類成卷，并爲之敘，且以「文長其人、其文似己」自況。

△避園擬存詩集、辛酉迎春大雪檢文長集復次坡公韻：「彌天呑水雪纖纖，雀鳥聲逃兵氣嚴。……欲和巴人真絕倒，青藤還較筆頭尖。」（其一）「水痕墨氣反塗鴉，天粉拋翻萬里車。……劫灰恍惚還初古，人鳥迷蒙各保家。」（其二）

△避園擬存詩集、大雪次坡公韻：「寒裯展縮挐廉纖，一夜西風叫虎巖。……小閣有供差得意，玉梅枝外筆峰尖。」（其一）「大令山陰披氅夜，先生東郭閉門家。獨觀圖畫堪怡悅，漁艇漭漭下數乂。」（其二）

△雜文敘、徐文長逸稿敘：「渭之才更刁悍尖湍，……口無舊唾，不少譏呵。……走筆千言，氣如風雨之集；……絕不欲有枕中之授，亦不樂有名山之封，故所著作，隨付隨佚。……廣蒐之，得逸稿，分類如干卷。」

季重以「讀書佳山水樓」名聞遐邇，慈谿（浙江今縣）人顏栖筠，慕其佳勝，亦嘗爲賦贈之。

△顏栖筠讀書佳山水歌為季重先生賦序：「往歲辛酉春日，客渚宮，徐耳猶水部偶述先生卜築之勝，慨然神動，因屬余作歌寄意。」

夏，大暑，季重作「辛酉熱極」詩一首以誌。

△避園擬存詩集、辛酉熱極：「百事堪支調，誰能作熱逋。南天苦極此，今歲見曾無。氣簸憐星喘，津乾到漢枯。火雲狂正喜，為示雪山圖。」

秋，季重過虎林（今安徽貴池縣之西），會同年友數人，相聚言歡、歔欷。

△墓誌銘、袁州知府鳴和朱公墓誌銘：「辛酉秋，予過虎林，……是時，同年周中丞、胡參伯、米觀察，相顧笑歎，以為晨星良晤也。」

**明熹宗天啓二年壬戌（西元一六二二年）四十七歲**

季重以中年罷仕，賦閒故里，少與賓客談文，亦偶與師輩好友相往來，蓋季重平生厭惡時文之俗、濫，故嘗自謂愧作、愧談、愧視時文；一日，忽得吳楚之所著鳳子艸，以其文既有「泗磬」「洙鐸」之功，復有「奇勁秀清」之美，乃喜而爲之序焉。又見姚心甫試劍草，贊其有「如玉觚吉羽、琅琅映人」之妙，故亦樂爲之序。

△乾坤正氣集卷五百五、王季重先生文集卷二、祝氏事偶序：「既而中廢里居，得從吾師胡仲玉、友好祝元美先生，……予每過之。」

△王季重時文敘、吳楚之鳳子艸序：「自予所讀文，熟面於閩中諸名碩則有九。……猶記壬辰修業西山，數百篇抄卷至，其中骨臞神峭，以為閩文一捫而得。……予久謝客，不談文；近日不惟不敢談，而亦不敢視。身在夢中，夢語幻出；為蕉為鹿，士師亦苦。而莆中吳楚之攜所著鳳子艸見教，謦之以泗磬，吻之以哀梨，覺此身猶不真夢，世上尚有醒人，而又恍然會三十年前，嘔心此道，奇勁秀清，一時並至。」

按：前文所謂「壬辰修業西山」者，乃指季重十七歲居長安攻舉子業事也；他若「恍然會三十年前」云云，知此序之作，當在季重四十七歲時也。

△王季重時文敍、姚心甫試劍艸序：「皖桐姚心甫，壯魁南宮，壬戌牘至，如玉觚吉羽，琅琅映人。」

## 明熹宗天啓三年癸亥（西元一六二三年）　四十八歲

季重年少，以攻舉子業，嘗居長安，偶見靖節先生集，讀之大悅。中年既廢故里，乃重檢淵明詩文，作律陶三十四首；又以生性諧謔，狎侮長安而致多事，乃自號「謔菴」，欲以自誡。

△律陶序：「少貧，攻舉業，居長安肥錦之衛，解腹探腸縷縷濃熱，忽從友人所，見靖節先生集，持向西山松風下讀之，寒貽夙契，不覺雪洽冰懽。嗣後覥顏三仕為令，頗遭呵罵，歸作蠹魚。檢先生集，童子讚歎，朱墨猶丹，又不覺血潮之湃於首也。……予既日述先生詩，園居之暇，偶爾詠事，或有追思，戲以先生詩作律，而即以律先生律者，……會稽謔菴居士王思任題。」

△王季重時文敍、著壇搜逸敍：「函之久矣，被謔老一口道破，怪哉。」

△王季重時文敍、香醉居制藝序：「黃俊、何元方……，闊步游山陰道，而跡及謔菴，輒為之煮菱剝蟹，一慰勞之。」

△王季重時文敘、甬東越社敘：「甬上君子廿四人，皆天海之靈，儲為鰲柱者，……李姬伯、簡仲，故暱余，請以玆言饗之羅雲堂上，知必有謂謔菴能發人覆者矣！」

△乾坤正氣集卷五百五、王季重先生文集卷二、夏叔夏先生文集序：「夫歡喜種子，……在養生家為活機，活不止於壽身；謔菴於此中得少領趣。」

按：由上引諸序，可知季重自號謔菴，約當此際也。

△瑯嬛文集卷四、王謔菴先生傳：「晚乃改號謔菴，刻『悔謔』以誌己過；而逢人仍肆口詼諧，虐毒益甚。」

明熹宗天啓四年甲子（西元一六二四年）四十九歲

春，三月望日，季重應邀訪關廟，鄉紳以去年此廟奇事相告：會稽羅紋居士馮某，曾送髹几二方供奉此廟，出門忽見神蹟，几上幻化生花，燦然芳馥，觀者百千，競相傳誦。乃恭請季重爲之作記，季重稽考去年此一奇事，歸作「瑞花臺記」。

△乾坤正氣集卷五百七、王季重先生文集卷四、瑞花臺記：「明天啟癸亥，嘉平中會稽縣羅紋地方，關壯繆廟：……居士馮爭之，送髹几二方供養，淨拭出門，忽一几上幻出木芍藥二朵，並幹吐含，須臾銀鬚霞散，妙有笑彩。爭之驚呼，就近里鄰，咸來訊看，無不踴忭怪訝。……過橋南，遂遍几生花，爛然芳馥，安頓神前，一時隱去。但願異香滿殿，大小僧俗千百餘人，合掌讚歎，不可思議。……恭題此几為『瑞花臺』，以為鄉閈異常之兆。因詣里人宰官王思任，具說如此，兼請作記。宰官

即往廟所跡其事，所言一一符合，歸家滌研，次弟記之，而為之頌。……天啟甲子三月望日。」

季重罷官居故里，有童年摯友黃履素，亦宦海浮沉，懷才難售，因而感慨係之。

△雜文敘、黃評事閒齋吟稿序：「予與履素同函席，兩髫覆額也。予獷黠，履素雅弱、饒沉。摯餅栗相啖，衣履相錯，書籍相把，著作相賽；……三十六年來，風煙分隔，予一官如薤，削誅以至於盡，久老鑑湖、釣碣；而履素纔以棘寺起家，舟車南北，邊腹間關，……履素大忠、大孝、大節、大情，經濟、學問鬱浡，半生而得一第，當事者不即置之解徽別利之場，而僅僅以名格隨牒，雖雲龍霧豹，呵角惜斑，不自躍冶而吁天欱海，鋪霖走魅，其精光威審，有不可一日忍者矣。」

按：季重於十四歲時，因攻舉子業，離鄉居晉北罕山苦讀，始與童年摯友履素別離；三十六年後又與履素重逢矣！

**明熹宗天啓五年乙丑（西元一六二五年）　五十歲**

夏，季重暢遊廬山，登滕王閣。途過豫章（今江西九江縣），嘗拜謁其先師張洪陽故宅。先是同年生蔡敬夫，總督川黔，聞季重閒居故里，欲延其屈爲幕僚，乃宴之於滕王閣，席中，季重又以狎謔忤之，此議遂絕。

△乾坤正氣集卷五百七、王季重先生文集卷四、重修廬山白鶴觀記：「廬山五老峰前有白鶴觀，……天啟乙丑夏，山陰王思任來游，攜其友沈三賢、陸士慎，徘徊于觀

之前後；……觀主人李元丹乞留一言，以為興復之藉，而任適在潯陽，為題白鶴觀，說以貽星子令陳異言倡其事，郡孝廉陶孔志為糾首以成之。」

△乾坤正氣集卷五百七、王季重先生文集卷四、題廬山佛手巖募疏冊記：「天啟乙丑，予來游，悅之。」

△乾坤正氣集卷五百七、王季重先生文集卷四、重修大能仁寺寶塔記：「天啟乙丑，予游匡嶽，過訪節鎮梁射侯，假館於此。」

△乾坤正氣集卷五百七、王季重先生文集卷四、重修滕王閣記：「天啟乙丑，予為廬游，道出洪都，登閣，閣閎城而立。」

△乾坤正氣集卷五百六、王季重先生文集卷三、相國張洪陽先生傳：「予師張文端公……主乙未試，予叨出門牆，……余中廢後，過豫章，拜公遺像，長公穉原，觴我於江天之閣，曾以文字見命，踉蹌去。又數年，而予領江州之節。」

△瑯嬛文集卷四、王謔菴先生傳：「川黔總督蔡公敬夫，先生同年友也。以先生閒住在家，思以帷幄屈先生；檄先生至。至之日，讌先生於滕王閣，時日落霞生，先生謂公曰：『王勃滕王閣序，不意今日乃復應之。』公問故，先生笑曰：『落霞與孤鶩齊飛，今日正當落霞，而年兄眇一目，孤鶩齊飛，殆為年兄道也。』公面赬及頸。先生知其意，襆被即行。」

秋，八月，詔毀天下講學書院。十二月，榜東林黨人姓名示天下。

明熹宗天啓六年丙寅（西元一六二六年）　五十一歲

季重曠廢日久，乃晉京上疏自理。會閹宦魏忠賢擅政，僅得袁州（今江西宜春縣）推官而還。魏閹欲使季重附己，令人示意，季重虛與委蛇而已；友人譽爲智者。明年，魏閹果然敗亡。

△避園擬存詩集、題壁二首序：「予丙寅入都，欲上疏自理，以璫焰而還。」

△思復堂文集卷二、明侍郎遂東王公傳：「陞南刑部主事，再左遷袁州推官，公老終養。魏忠賢擅政，使伻走語：『卿可得也，一通手板者。』公笑不應，飲伻以醇酒。比過常州（今江蘇武進縣），孫宗伯慎行留公信宿，曰：『季重智人也。』」

△浙江通志卷一百八十、人物六、文苑三：「王思任……三為邑令，遷袁州府推官，有能聲。」

△紹興府志卷五十六、人物志十六、忠節二：「王思任，……三為邑令，遷袁州推官，有能聲。」

△嘉慶山陰縣志卷十四、人民志第二之五，鄉賢二：「王思任，……以南刑部主事，左遷袁州推官，魏忠賢使伻走語，笑不應。」

△明通鑑卷八十、熹宗天啟七年、十月：「上（指崇禎皇帝）素知忠賢惡，及即位，其黨自危。……（十一月）己巳，魏忠賢自縊死。」

按：季重爲袁州推官，確切年代不得而知，而魏閹專擅政壇，亦爲近數年間事；季重今年前後，皆居故里，僅今年有事入京，故姑置其出任袁州推官，或在今年。季重入京求官，以待詔無事，故能四處閒遊。罕山，爲其少年苦攻舉業處，今日重遊，人多物化，感慨良多。復又驟訪長安，雪夜重逢故友，恍如隔世！

△爾爾集、留別山僧序：「予以己丑讀書罕山，……今天啟丙寅，以他事至寺，罕山老松鬣更長矣。諸僧舊俱已隔世，無復存者，獨幻林上人如魯靈光殿也。顛毛種種，相視欷噓，仍又告別，不堪語咽，詩以留之。」

△乾坤正氣集卷五百六、王季重先生文集卷三、顧同甫先生傳：「前歲余驟過茂苑，顧同甫先生出餉，兩相訝也。先生瘦我，而我亦皤然先生。……余交先生久，……廿年於茲，每藝譏如朝興也。」

△乾坤正氣集卷五百五，王季重先生文集卷二、袁臨侯先生詩序：「五年前（即指今年），忽又小草走長安，雪夜晤大行袁臨侯。……臨侯為御史，予入國子（季重五十五歲時），馬上執鞭，輒攏轡調笑，移時乃去；……子處白下而予又郎繕部，移檄葺其舍。」

明熹宗天啓七年丁卯（西元一六二七年）　五十二歲

季重有兄名思信，久無子嗣，欲由季重過繼一子；季重乃默禱於關聖帝君。二月五日，季重果舉一子，遂以承嗣思信；思信因備牲品謝神，而季重更爲之作碑記一文，以誌其原委。

△乾坤正氣集卷五百七、王季重先生文集卷四、羅墳關聖帝君廟碑記：「會稽羅墳有帝宮焉。……小子任有兄思信，不嗣，欲舉一子嗣之，藉兄弟至義，默禱於帝，帝心許之，以天啟七年二月五日生子，命名鼎起，以嗣信。信無子而有子，因椎豕封羊，徵優奏樂，以心饗帝。」

秋，九月，季重與友人范敬升、蔡漢逸等，遊越地名勝苧蘿山，且於古時西施浣紗之浣江上會飲。

△王季重歷游紀、游苧蘿山記序：「天啟丁卯秋九月，暨陽學諭范敬升以壺觴鳥舟逆予，招同蔡漢逸、陳奕倩，飲於浣江之上山。……蔡漢逸曰：『不見浣紗人，空餘浣紗石。』其言悲感而柔腸嫋嫋矣。」

△王季重歷游紀、游五洩記序：「同行孝廉范敬升先眠。采玉河上，予與文學陳奕倩、僧魯逸、曹源續至，各踞一壑。」

明思宗崇禎元年戊辰（西元一六二八年）　五十三歲

明思宗崇禎二年己巳（西元一六二九年）　五十四歲

季重補松江教授，徙居萊郡（今山東掖縣）。暇日復遊盱江，憶及兒時隨父宦遊處，光景依舊，城郭未改，惟人事遷變，慨然興歎，因作詩以爲記。

△思復堂文集志卷二、明侍郎遂東王公傳：「崇禎二年，補松江教授。」

△嘉慶山陰縣志卷十四、人民志第二之五、鄉賢二：「王思任，……崇禎二年，再降

松江教授。」

△王季重時文敘、秦孝廉社草序：「家本越人，……己巳歲，舟泊惠山，適值犬馬之辰。」

△避園擬存詩集、復游盱江：「先嚴曳裾時，提囊宦云薄。伊余髮始茁，回景恍如昨。今來五十餘，訪舊盡殂落。滿目逢生人，無言可酬酢。多方詢父老，夢想強憶度。里巷或小更，猶是昔城郭。不意我身中，親作遼東鶴。我明彼竟昧，無家可歸著。反令精魂迷，隔世游安樂。」

△王季重歷游紀、重游麻姑山記：「……吾不見盱江，忽已四十年；其街盧之存於往者，略半也。」

夏，五月，萊郡招遠縣（山東今縣）重修文廟，事訖，鄉紳因請季重作記。季重有感文廟式微、師道日絀，然爲養妻活子，暫攝教職，喟然神傷！

△乾坤正氣集卷五百七、王季重先生文集卷四、招遠縣重修文廟記：「招遠，故萊郡羅峰鎮，當海澨之扼，高皇帝改隸，登而升之邑，徙他戶口實之，題曰『招遠』。……學宮在城西南隅，其封木皆宋、元時物，歲老貌衰，雨風為蝕，議欲新之。……遂以戊辰五月始工，而今己巳之五月工訖。諸紳士侈其事，以鄉友庶常楊公屬不佞紀之。」

△乾坤正氣集卷五百七、王季重先生文集卷四、了青園記：「蕭使君家泰、岱之下，

辟疆為圃，而……兌之王子。」

△避園擬存詩集、學宮歎：「煌煌夫子廟，俎豆何其麤？……薙髮入空門，慮為名教誅。吾年已及矣，有兒奈何乎？呻吟褒氏地，不復願為儒。但使粗識字，南畝終農夫。」

△避園擬存詩集、書院歎：「古人未能學，今人輒相教。古人守道門，今人窮道奧。道學豈在口，辨言當自妙。鍾鼓正爾嚴，飲食歎爭冒。人生無越思，求飽亦至要。我猶肅斯人，謀食不謀道。」

仲夏，季重有事入京，隨身攜其「讀書佳山水樓集」，以求方家指正。

△孔貞運己巳仲夏遂東王老父師入都道其讀書佳山水水閣之盛漫賦二律求正：「從知佳勝紀山陰，內史風流脈可尋。獨信文章無得失，何妨宦跡任浮沉。」

明思宗禎崇三年庚午（西元一六三〇年）　五十五歲

季重在京師，陞爲國子助教，才高名聞。至其昌明孔、曾授受微旨，諸博士遜讓莫前；故其講述，人人摹寫傳誦，一時翕然。是此年生活，頗稱愜意焉。

△思復堂文集卷二、明侍郎遂東王公傳：「崇禎二年，補松江教授。明年，陞國子助教。駙馬鞏永固、襄城伯李守錡奉旨聽講，諸博士遜讓莫前。公唱明孔、曾授受微指，名理圓暢。祭酒林釬、司業陳仁錫，皆下庠謝教。以所講作，擘窠書榜之圜橋，摹寫傳誦，一時翕然。」

△乾坤正氣集卷五百五、王季重先生文集卷二、孫念雊吏部文集序：「崇禎庚午，歲暮雪飄，國子先生擁襆僦舍，爐存似紅，有客寂止，願一交臂，出，乃孫吏部念雊氏也。」

明思宗崇禎四年辛未（西元一六三一年）五十六歲

明思宗崇禎五年壬申（西元一六三二年）五十七歲

季重遷蕪湖（安徽今縣）關吏。未幾，補起部，爲南工部主事，晉屯田郎中，復領江州（今江西九江縣）節鎮。

△乾坤正氣集卷五百五、王季重先生文集卷二、季叔房詩序：「予將老矣，復于役蕪關……適豫章宮允李太虛過我，……未幾，予又領江州節鎮，太虛、叔房數相過。」

△乾坤正氣集卷五百六、王季重先生文集卷三、何母方太失人傳：「予……権鳩茲（今安徽蕪湖縣），治兵潯陽（即江州）江上。」

△乾坤正氣集卷五百五、王季重先生文集卷二、雲霞館游草序：「予垂老為關吏，日在蕪江上，負弩作鷺候，意殊刺促悒悒。」

△思復堂文集卷二、明侍郎遂東王公傳：「陞南工部主事，晉屯田郎中。」

△乾坤正氣集卷五百五、王季重先生文集卷二、水署閒吟集：「吾亦工部也。」

△乾坤正氣集卷五百五、王季重先生文集卷二、綮漢逸梅花詩序：「予馮唐起部，再鎮潯陽，泊舟牛渚（位今南京之西）之下。」

△乾坤正氣集卷五百五、王季重先生文集卷二、沈文端公綸扉奏稿序：「逾三十年，而予小草復出，與公之聞孫，試同起部，德業相勉，出入相友。」

△乾坤正氣集卷五百五、王季重先生文集卷二、閒齋詩稿序：「予繕起部，園復壯，顏其堂曰『醉衣』，而聯有『若論詩人還我部』之句。」

△乾坤正氣集卷五百七、王季重先生文集卷四、重修廬山白鶴觀記：「崇禎壬申，任復為起部，視榷鳩玆（即蕪湖），而元丹（即白鶴觀主人）忽來，出孝廉手札徵記。……元丹能詩，可與言者，以此記歸之。」

按：前引文中所謂「繕起部」者，補工部也。蓋繕者，補也；起部者，工部也。是以季重於水署閒吟序一文乃自謂「吾亦工部也」。惟季重雖復爲起部，即爲南工部主事，其用意亦欲其就近視事故也。

季重治兵九江，募驍勇五百人，教之以擊刺、習射、没水，奸盜爲之屏跡。未幾，流賊闖天星亂起英山（湖北今縣），轉寇黃梅（湖北今縣）；黃梅人告急請援，江州巡撫解學龍猶豫未決，諸幕僚亦多言「越界勦寇，非便」。季重乃自遣一牌，率萬人奮然往救，竟以解圍。黃梅人感念恩德，自建季重與巡撫之生祠於北門，並請以邑隸屬九江云云。

△思復堂文集卷二、明侍郎遂東王公傳：「備兵九江，募驍果五百人，教之擊刺，教之習射，教之沒水，易防江守湖法，奸盜屏跡。大姓柯，陳眾殆十萬，遏居瑞昌（案即江西今縣），巡撫解學龍憂之。公曰：『吾知所柔之矣！』密疏請下學使廣二姓弟子員額，洞長崩角謝。有不軌，縛軍門正法。英山賊，破鳳陽，轉寇黃梅。黃梅人前大同巡撫石崑玉，以淚和墨請救；將吏多言『越界勦寇，非便』。學龍猶豫。公奮然曰：『此何言？並朝廷疆域，何分江楚？先人有奪人之氣，必援之。』眾仍不欲，公自遣一牌去，自潯陽統兵萬往黃州（案即今湖北黃岡縣），所過安堵。乃入見學龍，屏左右語曰：『諸人賈豎，何足與謀？黃梅生齒百萬，豈得坐視？且賊破梅，乘勝旦夕至孔隴，救梅正自救也。』學龍意寤，許諾。明出師，眾且譁，公大言曰：『賊走矣！』諜言其掠馬嬴意，不在江也。明日遣把總慈谿袁斌，領統兵北渡，公駐池口為應。梅人有修怨石氏者，陰通賊，斌捕得斬之；夜二鼓，賊騎數千遶北門，斌令俟以寂，賊首闖天星攻甚急，斌用百子銃啟門突擊，賊奔相蹂，官軍從暗中追斬百六十餘級，生擒闖天星。越三日，賊自井亭將趨麻城（案即今湖北黃陂縣東北），公疾遣人至廬山，得射虎耕戈二十，伏大道。賊馬至，蹋血僵斃。無守者以為神，蓋戚武莊法也。于是賊盡返英山。已再破灊山（案即今湖北咸甯縣

南二十里），將復黃梅之怨。公名掛京，察已納節，學龍躬造，請勉視事。賊聞，即解去。梅人祀學龍及公北門，請以邑隸九江，公飄然歸。」

△乾坤正氣集卷五百五、王季重先生文集卷二、送岐山周老公祖榮陟濟寧衛經歷序：「張仲景之醫，不難外感而難內傷，此則不佞在江州辦賊時，同一啞蘖之局已耳。」

## 明思宗崇禎六年癸酉（西元一六三三年）　五十八歲

季重為江州節鎮，巡徼閱武，數走匡、廬；偶有友朋生客過訪，季重亦與之酬酢盡歡。

△乾坤正氣集卷五百五、王季重先生文集卷二、涌山閣詩文集序：「予既領江州之節，巡徼登陴望去，石林堂一座，紫風翠簇，雙劍倚出空表。」

△乾坤正氣集卷五百五、王季重先生文集卷二、季叔房詩序：「未幾，予又領江州節鎮，太虛、叔房數相過。」

△乾坤正氣集卷五百六、王季重先生文集卷三、相國張洪陽先生傳：「又數年而予領江州之節，則時時登公之堂，若或聞金絲謦咳矣。」

△王季重時文敘、熊公遠雪堂集序：「近余領江州一道，公遠不鄙遺我。……九江無長物，攜此書歸佳山水閣上，當以九絲蜀錦、八尺沉板供之，未審何年得把公遠一臂耳。」

△乾坤正氣集卷五百五、王季重先生文集卷二、董蘇白蕉園詩集序：「董鍊菴名噪三十年，不識其面，以予從大夫之後，于役星渚（案即今江西九江縣），數與走匡、

廬、三峽，谷鳴布瀑之間，班荊衔飲，予常坐其……。」

△乾坤正氣集卷五百五、王季重先生文集　卷二、王大蘇先生詩草序：「行人王大蘇使過潯陽，……少飲嗽衔。」

△乾坤正氣集卷五百六、王季重先生文集卷三、李貞所先生孝義傳：「豫章（案即今江西南昌縣）有李孝義先生，云先生有子明睿，是為史，……奉節使晉藩，上疏歸覲（案指豫章之親老），會予視榷於湖旅，……予逡巡不敢（案指李公延其作傳），……遂誤史公數月。」

△乾坤正氣集卷五百五、王季重先生文集卷二、賀仲來詩集序：「余譚詩，垂四十年，見風氣日殊。……吾老矣，後生可畏，惟仲來可與言詩，而豈徒哉？」

季重嘗遊彭澤（江西今縣）靖節先生祠，且爲之題詞。

△避園擬存詩集、謁靖節先生祠：「上下偶分定，折腰豈盡辱。居官只醉飽，又不在秫粟。信如先生言，較量仍傲俗。我來部彭澤，高風拜凛穆。江水何汪洋，四山青矗矗。三年必有成，八十日而足。鴻冥別自深，雀燕徒猜卜。」

△避園擬存詩集、題彭澤縣：「（略）」

江西湖口縣學修繕尊經閣，閣成，延請季重爲之作記。

△乾坤正氣集卷五百七、王季重先生文集卷四、湖口縣學尊經閣記：「湖口，故彭澤地，陞鄉為縣，自南唐昉也。……嘉靖、萬曆之年，節修無數。今上元年，署縣李

官唐啟泰來葺殿，繕扃。……時王子閱武巡陴，方有事於湖邑，謁瞻既竣，諸廣文前請眺新窿之閣。」

明思宗崇禎七年甲戌（西元一六三四年）　五十九歲

季重仍爲江州節鎮，亦偶與友人酬酢。

△爾爾集、崇禎七年二月廿六阻風清溪游齊山歸遇舊民宋鳳鳴索予詩壽其母呂太媼予孝之作此：「（略）」

△蔣杰讀書佳山水歌為季重先生賦時崇禎七年甲戌歲十月十五日也：「季重先生內史孫，家住越城山之陰。好山好水其餘足，隱金門幾時蓬嶠離，方朔待詔詼諧漢主恩。」

其時，滕王閣久廢，有廣陵（今江蘇江都縣）人解石帆者，割俸捐鍰，鳩工復建，季重因作重修滕王閣記，以彰其義舉。

△乾坤正氣集卷五百七、王季重先生文集卷四、重修滕王閣記：「復小草，剌江州，崇禎甲戌春，遼鶴再至（案即作者王思任自嫌至滕王閣之意），憬然若夢，有豁然其面城者，存成禮講學之舊。……今大中丞廣陵石帆解公……割俸捐鍰，鳩工肯構，子來庶民，一呼蜂集。滕王之閣，幾湮沒者將千百載，而復突兀章明於翠靄煙光，夕佳朝爽、萬井天流之際，噫亦豫章之最勝樂事矣！」

冬，十二月六日，季重夜夢俠客馬雲異事，醒後竟爲之傳。

△乾坤正氣集卷五百六、王季重先生文集卷三、馬因客傳（王氏自註：「崇禎七年十二月初六日質明，述夢中事，兼夢中傳，而稍為潤色之。」）：「馬雲，字因客，西人也。勇力負俠，似曾為貲官，走大陸，見虜馬蹂躪，髑髏狼籍，……以歸，途遇一群豕，數貫鞭之，有豪橫闌取私稅。……」

明思宗崇禎八年乙亥（西元一六三五年）　六十歲

季重仍在江州節鎮任內，時與文士友人相酬遊憩耳。

△乾坤正氣集卷五百七、王季重先生文集卷四、重修大能仁寺寶塔記：「天啟乙丑，予游匡嶽，過訪節鎮梁射侯，……再逾十年，而予領時侯之即江行，舟望，儼然故塔，因視事之後，捐俸十五金，……督修整好。」

△乾坤正氣集卷五百七、王季重先生文集卷四、題廬山佛手巖募疏冊記：「天啟乙丑，予來游，悅之。又逾十年，予起鎮江州，族少宰句容王祚遠廣交，金壇于樹動，復同游此。……予年耆位薄，力不從心矣。」

按：天啓乙丑，季重五十歲，今年乙亥六十歲，正隔「十年」；由「起鎮江州」句，得知季重仍在江州節鎮任內。

△乾坤正氣集卷五百七、王季重先生文集卷四、禿影菴記：「以謔菴為動止，索之良久，即謔菴也。……時崇禎乙亥三月立夏之夜，陸生名士慎，會稽人，務觀裔也。」

△余樸讀書佳山水歌：「偶然謫落山陰道，拾取青雲最年少。身為進士四十年，一官蹭蹬傍人笑。傍人都笑先生癡，只愛山遊兼水嬉。」

△杜祝進王遂翁先生觀察江州余從江上獲睹先生讀書佳山水樓集詠附呈三律請教定：「（略）」

明思宗崇禎九年丙子（西元一六三六年）　六十一歲

季重去官，歸山陰故里，仍以詩文自娛。

△乾坤正氣集卷五百六、王季重先生文集卷三、相國張洪陽先生傳：「又數年，而予領江州之節，……未幾，予又廢，而長公一疾不起，遺命其子陛，必徵予文，茹諾久矣，作洪陽先生傳。」

△乾坤正氣集卷五百五、王季重先生文集卷二、吳城先句香齋詩序：「余納江州之節歸，田園蕪而猿鶴笑；每想竹風梧月，手一篇逸我以老……」

△王季重時文敍、小題砥柱敍：「予棄此道（案意指小題、詩文）纔廿年，忽從猶子所見吳閶市歸文五六種，逐一檢視，心口不能自解，諂耶？怪耶？打油釘鉸耶？」

明思宗崇禎十年丁丑（西元一六三七年）　六十二歲

季重既隱居故里，與人書牘漸少，而人亦少奉書牘至矣！

△王季重時文敍、金谷生家藏稿序：「始予射人牘，十中其九。至丙辰以後，二、三矣。昨丁丑之年，遂不射半人。予自笑，刻舟求劍，猶癡心講理、講法，誤天下蒼

生不小，亟謝絕此道，以俟解人。」

△爾爾集、題陳爾新太史松石間意：「丁丑游街，馬上題佳句，好寄山陰王曰叟。」

明思宗崇禎十一年戊寅（西元一六三八年）六十三歲

季重姻友金谷生，以南宮魁卷等請序。

△王季重時文敘、金谷生家藏稿序：「姻友金谷生，寄示南宮魁卷及笥中所祕稿如干首，則又推案嘆愧，自謂讀書未深，看理未到。……似吾等倖獲之年，皮毛齒角，聊供材用，膽魄態意，僅爾敷塗。」

明思宗崇禎十二年己卯（西元一六三九年）六十四歲

季重閒居故里。

春，正月二日庚申，清兵破濟南。

夏，五月九日乙丑，張獻忠叛於穀城，羅汝才等人蜂起響應。

明思宗崇禎十三年庚辰（西元一六四〇年）六十五歲

冬，十二月，李自成叛於河南。

明思宗崇禎十四年辛巳（西元一六四一年）六十六歲

秋，八月，清兵圍洪承疇於松山、錦州。

明思宗崇禎十五年壬午（西元一六四二年）六十七歲

春，二月，清兵陷松山，洪承疇降。

明思宗崇禎十六年癸未（西元一六四三年）　六十八歲

季重賦閒故里「讀書佳山水樓」，其地諸山環繞，千疊萬矗；又有鏡潭在側，波光粼粼；而樓之東有一隙地，且爲山水會集之所，是以景色佳絕。季重乃臨流積石，構亭其上，額之曰「通明」；又以樵叟偶至，輒徘徊不去，因又名其亭曰「媚樵」。惟亭成，而愛憎毀譽兼至，則已非季重始料所及！

△乾坤正氣集卷五百七、王季重先生文集卷四、通明亭初記：「去吾廬之東十武，而近有隙地。半宮枕橋帶堞，對南山秦望屏，如望秦几，如飛鳥准之繩也。會稽、山陰、暨陽諸山，千疊萬矗，俱褎袖而朝，眾水逶會，更鏡潭光來蜿蜒，……王子樂之，於是臨流相度，積石為邱，構亭其上，亭成而榜之曰『通明』。」

△乾坤正氣集卷五百七、王季重先生文集卷四、通明亭再記：「通明亭成，而愛憎毀譽至。……使吾不有此亭，則愛憎毀譽，何自而至？……是愛憎毀譽，不起於亭，亦不起於亭之主人，而起於其不通不明之心，……稽山有樵叟，賣薪歸，輒徘徊不去。」

△乾坤正氣集卷五百七、王季重先生文集卷四、媚樵亭記：「昔余之構通明亭也，有樵至止，悅焉，數相過自許也。吾亦悅其一二高話，從千仞岡來。」

明思宗崇禎十七年（清世祖順治元年）甲申（西元一六四四年）　六十九歲

春，三月十八日丙午，李自成陷燕京；明日，崇禎帝自縊於萬歲山之皇壽亭。

夏，四月二十二日己卯，山海關守將吳三桂開關乞清師攻李闖。

五月戊子朔，多爾袞入京，稱帝，改國號曰「清」，改元「順治」。同月，鳳陽總督馬士英與阮大鋮，擁立福王於南京，以明年爲弘光元年。

明福王弘光元年（清世祖順治二年）乙酉（西元一六四五年）七十歲

夏，四月二十五日丁丑，清兵陷揚州，史可法殉國。南京大震。五月，福王出奔蕪湖，十一日壬辰，馬士英挾福王母、妃走浙江。二十二日癸卯，清兵執福王於蕪湖，南都陷落。初，馬士英挾福王母、妃至越，越大夫未知福王所在，人群洶洶，季重亦上疏太后，痛數士英之罪，請斬之以謝國人；又函士英，責其貪黷驕橫，欺君覆國，更拒其入越，且曰「吾越乃報仇雪恥之國，非藏垢納汙之區也」，士英羞憤，竟無辭以對。

△瑯嬛文集卷四、王謔菴先生傳：「甲申之變，弘光蒙塵，馬士英稱皇太后制，逃奔至浙，先生以書詆之曰：『閣下文采風流，吾所景羨。當國破眾散之際，擁立新君，閣下輒驕氣滿腹，政本自由，兵權在握，從不講戰守之事，而但以酒色逢君，門戶固黨，以致人心解體，士氣不揚，叛兵至則束手無措，強敵來則縮頸先逃，至令乘輿遷播，社稷丘墟，觀此茫茫，誰任其咎。職為閣下計，無如明水一盂，自刎以謝天下，則忠憤之士，尚爾相原，若但求全首領，亦當立解樞柄，授之守正大臣，呼天搶地，以召豪傑。今乃逍遙湖上，潦倒煙霞，效賈似道之故轍，人笑褚淵，齒已冷

矣。且欲求奔吾越，夫越乃報仇雪恥之國，非藏垢納污之地也。職當先赴胥濤，乞素車白馬，以拒閣下。此書出，觸怒閣下，禍且不測，職願引領以待鉏麑。』書傳，人大快之。」

△思復堂文集卷二、明侍郎遂東王公傳：「乙酉夏，王師下南京，馬士英聲言護太后，適走紹興；紹興士夫未知弘光所在，人情洶洶。公上疏太后，暴數士英罪，請斬之。略曰：『昊天不弔，降此鞠凶，實生賊臣馬士英，傾我宗社；上嗜飲，則進醽醁；上悅色，則獻冶淫；上耽音，則貢鮑優；上好玩，則奉古董。君臣唯事荒嬉，而以疆場重憂，盡推史可法，又從中多方撓制，忌其成功。每一出朝，賣官鬻爵，文選職方、巡撫、總督，罔不以賄為市。及乎聞警，風鶴先逃。請立斬士英，傳首省都，為覆國欺君戒。亟下哀痛罪己之詔，以示悔禍，則人心國勢，猶可復振。』又與士英書曰：『閣下氣驕腹滿，但知貪黷之謀；酒色逢君，門牆固黨；叛兵至則束手無措，強敵來而先期以走，致令乘輿播越，社稷丘墟，閣下謀國至此，即喙長三尺，何以自解？以職上計，莫若明水一盂，自刎以謝天下，則忠憤志節之士，尚爾相原。如或逍遙湖上，潦倒煙霞，效賈似道之故轍，千古笑齒已經冷絕。再不然，如伯嚭渡江，吾越乃報仇雪恥之國，非藏垢納汙之區也。職當先赴胥濤，乞素車白馬，以拒閣下。』士英愧憤，不能答。」

△明季遺聞卷四、福建、兩廣：「時馬士英亦率所部奉弘光母妃至紹興，紹人士猶未

知弘光所在。原任九江僉事王思任上疏請斬士英，言『戰鬥之氣，必發於忠憤之心；忠憤之心，又發於廉恥之念。事至今日，人人無恥，在在不憤矣。所以然者，南都定位以來，從不曾真真實實講求報雪也。主上寬仁有餘，而剛斷不足，心惑奸相馬士英爰立之功，將天下大計盡行交付。而士英公竊太阿，肆無忌憚，窺上之微而有以中之。上嗜飲，則進醽醁；上悅色，則獻妖淫；上喜音，則貢優鮑；上好玩，則進古董。以為君逸臣勞，而以疆場擔子一肩推與史可法。又心忌其成功，而決不照應之。每一出朝，招集亡賴，賣官鬻爵，攫盡金珠。而四方狐狗輩願出其門下者，得一望見，費至百金；得登一簿，費至千金。以至文選、職方乘機打劫，巡撫、總督見兌即題。其餘編頭修腳、服錦橫行者，不在話下矣。所以然者，士英獨掌朝綱、手握樞柄，知利而不知害、知存而不知亡，朝廷篤信之，以至於此也。茲事急矣，政本閣臣，可以走乎？兵部尚書，可以逃乎？不戰不守而身擁重兵，口稱護太后之駕，則聖駕獨不當護耶？一味欺蒙，滿口謊說，英雄所以解體，豪傑所以灰心也。及今猶可呼號泣召之際，太后宜速趣上照臨出政，斷酒絕色，臥薪嘗膽，立斬士英之頭，傳示各省，以為誤國欺君之戒。仍下哀痛罪己之詔，以詔悔悟，則四方之人心士氣，猶可復振，而戰鼓可厲、苞桑可固也』。又上書士英，言『閣下文采風流，才情義俠，職素欽慕。即當國破眾疑之際，爰立今上以定時局，以為古之郭汾陽、今之于少保也。然而一立之後，閣下氣驕腹滿，政本自由，兵權獨握，從不講戰守之事，而只知貪黷之謀。酒色逢君，門牆固黨，以致人心解體，士氣不揚。叛兵至則束手無策，強敵來而先期以走，致令乘輿播遷，社稷丘墟。閣下謀國至此，即喙長三尺，亦何以自解也？以職上計，莫若明水一盂，自刎以謝天下，則忠憤節義之士，尚爾相諒無他。若但求全首領，亦當立解樞權，援之才能清正大臣，以召英雄豪傑，呼號惕厲，猶可倖望中興。如或逍遙湖上，潦倒煙霞，仍效賈似道之故轍，千古笑齒，已經冷絕。再不然，如伯嚭渡江，則吾越乃報仇雪恥之國，非藏垢納污之區也。職當先赴胥濤，乞素車白馬以拒閣下；上干洪怒，死不贖辜。閣下以國法處之，則當束身以候緹騎；私法處之，則當引領以待鉏麑』。」

按：清戴名世宏光朝僞東宮僞后及黨禍紀略一書所載季重奏疏略同，茲不贅錄。

閏六月九日己丑，魯王監國於紹興，督師江上，畫錢塘以守；並晉升季重爲禮部右侍郎。季重雖屢疏，極言治要，而事終不可爲。八月二十一日庚子，清兵陷紹興，魯王南入富陽（浙江今縣）。季重遂屏家依祖墓於鳳林，構草亭，名之曰「孤竹菴」，以示不忘先朝。

△瑯嬛文集卷四、王謔菴先生傳：「直至監國，始簡宮詹，晉秩少宗伯，而國事又不可問矣。……監國至越，請備　顧問，仍以一席笑談，遂致大位，江上兵散，屏跡山居，貝勒駐蹕城中，先生誓不朝見，不薙髮，不入城。」

△思復堂文集卷二、明侍郎遂東王公傳：「魯藩蒞越，由翰林院提督太常寺館卿，晉

詹事府詹事、禮部右侍郎，屢疏，極言官亂、兵亂、民亂、餉亂、士亂之失。乞休，不聽。嘆曰：『江上之事不臘矣。』未幾，失守，屏家依祖墓于鳳林，構草亭，顏之曰『孤竹菴』。」

明魯王監國元年（清世祖順治三年）丙戌（西元一六四六年）　七十一歲

季重遁隱孤竹菴，清使具牛酒延其出，季重閉門，大書「不降」；而親黨多以利害相勸，亦不爲所動。夏，魯王又收復紹興；五月二十七日，總兵方安國挾持魯王南行，擬獻王於清，乃遣人監視，會監守者病，魯王逃脫出海。魯王之去也，命大學士張國維死守以圖後舉。六月，清兵再陷紹興，國維知勢不可支，作絕命詞三章後赴水殉節。國人聞變，前後殉國者多人；季重聞耗，亦作致命篇云：「再嫁無此臉，山呼無此嘴；急則三寸刀，緩則一泓水。」於是垂革拖紳，朝服，曰「以上見先皇帝」，自是遂不飲食，乃於九月二十二日絕粒而卒，享年七十有一。

△瑯嬛文集卷四、王謔菴先生傳：「北使渡江，人具牛酒，有邀先生出者，先生閉其門，大書曰『不降』。……貝勒駐蹕城中，先生誓不朝見，不薙髮，不入城。偶感微疴，遂絕飲食僵臥，時常擲身起，努目握拳，涕洟鯁咽，臨瞑連呼高皇帝者三，聞者比之宗澤瀕死，三呼過河焉。」

△思復堂文集卷二、明侍郎遂東王公傳：「巡按御史王應昌，請拜新命，復書曰：『不忠思任，年七十有二，旦晚就木，鳩盤茶免使賣笑過生我矣。』親黨多以利害相

勸，陸生曾漭獨言不可，公笑謝之。自是遂不飲食，垂革拖紳，朝服，曰『以上見先皇帝』。目猶不瞑，及孤竹菴，乃瞑。時丙戌九月二十二日。」

按：上文引王思任自謂「年七十有二」者，當係就虛歲而言。

△田易鄉談：「王季重先生致命篇曰：『再嫁無此臉，山呼無此嘴；急則三寸刀，緩則一泓水。』絕粒七日，息猶未絕，瞑目直視。又三日夜，門人郭鈺曰：『先生欲死于孤竹菴耶？』舁之至菴而瞑。按江上失守，先生棄家依鳳林墓舍，別架一苫廬，顏曰『孤竹菴』。署其門曰：『舊山永託，何懼一死；丹心不二，寸步不移。』蓋早以死自誓矣！」

## 註　釋

註　一：詳見王季重雜著、雜文敘、重脩三槐家譜序。

註　二：乾坤正氣集卷五百六、王季重先生文集卷三、會稽金氏節孝分傳——「金仰軒先生傳」：「余家醫七世，至余不認黃虀矣，況能辨蟲魚耶？然嘗聞之祖誡子孫『寧市腐酒，莫再習方技』，耽他人憂之大也。嗟乎！今之醫曾有此肺腸否？」

註　三：見乾坤正氣集卷五百六、王季重先生文集卷三、潘氏雙節婦傳與會稽金氏節孝分傳。

註　四：見湯賓尹睡庵稿、睡庵文集卷十、王太公壽序。

註　五：見避園擬存詩集、感述。

註　六：張岱瑯嬛文集卷四、王謔菴先生傳：「論曰：謔菴先生既貴，其弟兄子姪，宗族姻婭，待以舉火者數十餘家，取給宦囊，大費供應，人目以貪所由來也。故外方人言王先生賺錢用，似不好；而其所用錢，極好。故世之月旦先生者，無不稱以『孝友文章』，蓋此四字，惟先生當之，則有道碑銘，庶無愧色；若欲移署他人，尋遍越州，有乎？無有也。」張岱越人三不朽圖贊：「王思任，……所攜宦橐游囊，分之弟姪姊妹，外方人稱之曰：『王謔菴有錢癖，其所入者皆出於稱觴諛墓。賺錢固好，而用錢為尤好。』」田易鄉談：「王季重思任，在仕途屢起屢蹶，到處俱有貪名。其家居孝友，凡有宦囊，皆分及其弟男、子姪、姊妹、姑表，故天下稱之曰『遂東賺銀極不好，而用銀極好』。」陶元藻全浙詩話卷三十五、「王思任」：「遂東有錢癖，見錢即喜形於色，是日為文特佳。然其所入者強半皆諛墓金，又好施而不吝，或散給姻族，或讌會朋友，可頃刻立盡，與晉人持籌燭下、溺於阿堵者不同，故世無鄙之者。」

註　七：見雜文敘、黃評事闇齋吟稿序及王季重時文敘、童畾恥四糊齋稿敘。

註　八：見王季重時文敘、童畾恥四糊齋稿敘。

註　九：田易鄉談：「王季重之女，題藺相如傳，有『七寸小臣刃，五步大王頭』之句，一時稱其豪拔。」

註一〇：以上各卷，存國立中央圖書館所藏明刊本王季重雜著八卷本內，惟其中頗有短缺。

註一一：以上各卷，依美國國會圖書館攝製北平圖書館所藏明崇禎間刊本王季重集微卷補。

註一二：見台北文史哲出版社民國六十三年六月影印本，頁二十。

註一三：見台北文史哲出版社民國六十四年十月影印本，頁一七四。

註一四：見台北華世出版社民國六十五年十二月影印本，頁四七六。

註一五：見明通鑑，頁二六一三。

註一六：論語八佾篇文句。

註一七：「碧痞」，或指因鬱結而生於腹中之痞塊。

註一八：盱江有二：一為汝河之別稱，在豫南；一為建昌江之別名，在江西境內。此盱江，在嶧山附近，當屬前者。季重五十四歲徙居萊郡，曾作「復游盱江」詩。萊郡在山東，距盱江不遠，亦可為證。

註一九：從姑，山名。國立中央研院傅斯年紀念圖書館所藏美國國會圖書館攝製北平圖書館善本書微卷R01122——王季重集兩種、王季重歷游記收有「三游從姑山記」一文（今國立中央圖書館所藏各王季重集，均缺此文）可證。

註二〇：此詩，國立中央圖書館所藏王季重集、避園擬存詩集從缺，今依美國國會圖書館攝製微卷補。

註二一：僧寺亦稱紺園、紺宇、紺殿，故「佛雪紺」乃一古老佛教僧寺。

註二二：此詩，國立中央圖書館所藏王季重集從缺，今依美國國會圖書館攝製微卷末所附「讀書佳山水——集海內各名家題詠」而補。

註二三：視引文文意，地當在青陽縣境內。

註二四：大璫，內監也。

註二五：横山，今安徽廣德縣西。

註二六：鼎湖，本為帝王之喻，引申為皇帝陵寢。

註二七：瓜州，今鎮名，在江蘇江都縣境內，與鎮江隔江相對。

註二八：池黃：或指池州與黃山。池州，今安徽貴池縣；黃山，在安徽歙縣西北。

註二九：舊時兩家結為婚姻後，對平輩稱眷弟，對長輩稱眷晚生，對幼輩稱眷生。

註三〇：徽，說文：「徽，斜幅也，從糸微省聲。一曰：三糾纏也。」徽，此作「糾纏」解。

註三一：乘傳，乘驛馬也。

註三二：青山，在今安徽當塗縣東南，一名青林山。齊宣城太守謝朓築室鑿池於山之南，其宅基尚存。唐時名曰謝公山。李白悦謝氏青山，有終老此山之志，今山北有李白墓，山麓有宋米芾所書「第一山碑」。

註三三：「以壬寅四月記之爾」八字，國立中央圖書館所藏壬季重集、游敬亭山記從缺，今依美國國會圖書館攝製微卷補。下引同。

註三四：青鞋，稱草履也。

註三五：九子山，在安徽青陽縣之南，唐李白以九峰如蓮花削成，改為九華山，今山中有李白書堂基址存焉。

# 引用參考書目

王季重集十六卷　明王思任撰，明萬曆清暉閣刊本，美國哈佛大學漢和圖書館珍藏。

王季重集十五卷　明王思任撰，明崇禎間刊本，國立北平圖書館原藏，國立中央研究院歷史語言研究所傅斯年紀念圖書館複製美國國會圖書館攝製微卷。

王季重集八卷　明王思任撰，明萬曆間刊本，國立北平圖書館原藏，國立中央研究院歷史語言研究所傅斯年紀念圖書館複製美國國會圖書館攝製微卷。

王季重集十四卷　明王思任撰，明萬曆天啓間遞刊本，國立中央圖書館藏。

王季重雜著八卷　明王思任撰，明刊本，國立中央圖書館藏。

王季重雜著　明王思任撰，民國六十六年九月偉文圖書出版社有限公司影印國立中央圖書館所藏明刊本。

王季重詩文稿不分卷　明王思任撰，明萬曆間 著者手稿本，國立中央圖書館藏。

王季重先生文集四卷　明王思任撰，清同治五年新建吳坤修皖江「乾坤正氣集」刊本第百三十五至百三十六册（卷五〇四—卷五〇七）。

王季重十種　明王思任撰，一九八七年八月浙江古 籍出版社排印本。

王季重先生小品二卷　明王思任撰，明崇禎刊本，翠娛閣評選十六名家小品之一，國立中央圖書館藏。

避園擬存詩集一卷　明王思任撰，明天啓間刊本，國立中央圖書館藏。

文飯小品　明王思任撰，一九八九年五月岳麓書社排印本。

文飯小品　民國豈明（周作人）撰，民國二十三年八月五日「人間世」小品文半月刊第九期內。

關於王謔菴　民國周作人撰，民國七十一年五月里仁書局據民國二十三年北新書局版「周作人先生集」——風雨談——影印本內。

關於謔菴悔謔　民國周作人撰，民國七十一年五月里仁書局據民國二十三年北新書局版「周作人先生集」——瓜豆集——影印本內。

記明末殉節之王思任　民國黃華撰，民國二十五年五月越風半月刊第十三期內。

不朽與傳芳——關於王謔菴之一　民國覺堂撰，民國五十九年八月十三日臺灣新生報第十版。

嚴正與諧趣——關於王謔菴之二　民國覺堂撰，民國五十九年八月十七日臺灣新生報第十版。

思復堂文集　清邵廷采撰，民國六十六年五月華世出版社影印清光緒十九年會稽徐氏（友蘭）鑄學齋刊本。

瑯嬛文集　明張岱撰，民國四十五年五月淡江書局排印本。

越人三不朽圖贊　明張岱撰，民國七年紹興印刷局重刊本。
湯顯祖集　明湯顯祖撰，民國六十四年三月洪氏出版社影印排印本。
睡庵稿　明湯賓尹撰，明萬曆間刊本，國立中央圖書館藏。
鄉談　清田易撰，清田實秬手稿本，國立中央圖書館藏。
列朝詩集小傳　清錢謙益撰，民國五十四年四月世界書局影印本。
全浙詩話　清陶元藻輯，清嘉慶元年怡雲閣刊本。
明詩紀事　清陳田撰，民國六十年九月鼎文書局影印本。
明人傳記資料索引　國立中央圖書館編，民國五十四年排印本。
晚明小品論析　民國陳少棠撰，一九八一年二月香港波文書局排印本。
晚明性靈小品研究　民國曹淑娟撰，民國七十七年七月文津出版社排印本。
「晚明文人」型態之研究　民國黃明理撰，國立師範大學國文研究所七十八年碩士論文。
論語　魏何晏等注，宋邢昺疏，民國四十四年藝文印書館影印清嘉慶二十年江西南昌府學刊本。
孟子　東漢趙岐注，北宋孫奭疏，民國四十四年藝文印書館影印嘉慶二十年江西南昌府學刊本。
莊子　先秦莊周撰，晉郭象注，唐成玄英疏，清郭慶藩集釋，世界書局排印本。
列子集釋　民國楊伯峻撰，民國五十九年八月明倫出版社排印本。

文心雕龍　梁劉勰撰，商務印書館四部叢刊本。
經進東坡文集事略　宋蘇軾撰，宋郎曄注，商務印書館四部叢刊本。
明史　清張廷玉等撰，商務印書館百衲本二十四史本。
明通鑑　清夏燮撰，民國五十一年十一月世界書局影印本。
國権　清談遷撰，民國六十七年七月鼎文書局影印本。
宏光朝僞東宮僞后及黨禍紀略　清戴名世撰，民國六十四年十二月新興書局筆記小說大觀十編影印本。
明季遺聞　清鄒漪撰，民國五十年臺灣銀行經濟研究室「臺灣文獻叢刊」排印本。
明末民族藝人傳　民國傅抱石譯撰，民國六十三年六月文史哲出版社影印本。
宋元明清書畫家年表　民國郭味蕖撰，民國六十四年十月文史哲出版社影印本。
歷代人物年里碑傳綜表　民國姜亮夫撰，民國六十五年十二月華世出版社影印本。
敕修浙江通志　清李衛等修、清傅王露等纂，民國二十三年商務印書館影印清光緒二十五年浙江書局重刊本。
紹與府志　清李亨特重修、清平恕等纂，清乾隆五十七年刊本，故宮圖書館藏。
紹興縣志資料第一輯　民國紹興縣修志委員會編，民國二十六年二月紹興縣修志委員會鉛印本。
嘉慶山陰縣志　清徐元梅修、清朱文翰等編，民國二十五年紹興縣修志委員會校刊排印本。

興平縣志　民國王廷珪修、張元際等纂，民國五十八年成文出版社影印民國十二年鉛印本。

富平縣志稿　清樊增祥等修、清譚麐纂，民國五十八年成文出版社影印清光緒十七年刊本。

當塗縣志　清張海、萬橚合修，清乾隆十五年刊本，故宮博物院藏。

青浦縣志　清陳其元等修、清熊其英等纂，民國五十八年成文出版社影印清光緒五年刊本。